UNE COLLECTION D'ÉPANOUISSEMENT INTÉRIEUR
Dirigée par Anne Ducrocq

On naît, on grandit, on vit, on prend des coups, on s'étonne. On esquive, on mûrit, on guérit, on avance. Et parce que la vie est la vie et qu'elle nous veut du bien, on rencontre sur le chemin des livres de sagesse et d'épanouissement intérieur : on y apprend à respirer avec le cœur ; la vie s'y faufile, vaste et libre, toujours en train de commencer.
Car il ne suffit pas d'être né, il faut renaître à l'essentiel.

Des histoires personnelles aux expériences universelles, de la foi au combat spirituel, des épreuves à l'amour, des blessures à la fin de vie,

tout est à vivre.

A. D.

Née en 1978, Blanche de Richemont vit à Paris. Après des études de philosophie de l'art, cette passionnée de voyage s'est tournée vers l'écriture. Auteur de plusieurs romans et essais, elle a notamment publié *Les Passions interdites* (Le Rocher), *Pourquoi pas le silence* (Robert Laffont), *Manifeste vagabond*, *Éloge du désert* ou encore *Éloge du désir* (Presses de la Renaissance et Points Vivre).

Blanche de Richemont

LE SOUFFLE
DU MAÎTRE

Presses de la Renaissance

TEXTE INTÉGRAL

ISBN 978-2-7578-6168-4
(ISBN 978-2-7509-0912-3, 1re publication)

© Presses de la Renaissance, un département d'Édi8, 2015

Pour Domnel.

L'APPEL

Je rêvais de rencontrer dans un regard la lumière du désert. Pendant des années, cette terre m'avait mise sur la voie de l'essentiel. Désormais, je cherchais un guide.

Ce matin-là, portée par le printemps, lassée de mon cœur errant, j'ai osé appeler Izou, une tante que je n'avais pas vue depuis vingt ans – elle vit à l'écart, retirée du monde. Je savais seulement qu'elle allait en Inde depuis des années retrouver un Sage. J'espérais donc qu'elle pourrait m'aider à rencontrer un être qui m'éclaire. Je craignais qu'elle rejette mon appel, mais elle a répondu. Et ma vie a basculé.

Izou était le mystère de notre famille. Mariée à Michel, le frère de ma mère, elle évoluait parmi nous comme une fleur sauvage, abreuvée par une autre source que la nôtre. Petite, quand j'allais chez elle retrouver mes deux cousines, je sentais qu'elle menait une vie à part. Une atmosphère de silence, presque de recueillement emplissait leur appartement et me poussait à retenir mes cris d'enfant. Je savais qu'elle passait des heures enfermée dans sa chambre. Quel était le mal qui la clouait au lit ? Personne ne nous en parlait. Plus tard, elle a résolument pris ses distances avec notre famille. Elle fascinait mon petit frère qui lui vouait une admiration incompréhensible alors qu'il la croisait seulement dans la rue car elle vit tout près de la maison de mes parents. L'âme à vif d'Arthur sentait, savait qu'elle portait une lumière particulière. Nos parents nous disaient qu'elle allait voir un Sage en Inde. Cette histoire intensifiait le mystère qui l'entourait. Si élégante, si belle, elle passait le plus clair de son temps dans un petit village d'Inde aux pieds d'un gourou ! Élevés dans une famille catholique très pratiquante, nous trouvions cela extraordinaire, voire incompré-hensible. Nous n'avons d'ailleurs jamais cherché à comprendre. Quand je la voyais par hasard, j'étais subjuguée par son regard perçant et lumineux. Elle semblait voir plus loin que nous. J'arpentais les déserts en quête de sens, de vérité, de beauté, de souffle, de pureté surtout. Tout ce que je cherchais, je le devinais en elle, mais je ne m'approchais pas, respectant sa distance.

Ce matin-là pourtant, je l'ai contactée, sans réfléchir, sans même y avoir pensé la veille.

À ma grande surprise, Izou a immédiatement accepté de me voir. Nous devions nous retrouver le 13 mars, deux jours après mon coup de téléphone, mais elle a finalement avancé notre rendez-vous au jeudi 12, le vendredi 13 étant un jour sensible dans l'inconscient collectif. J'avais souri de cette attention.

Elle m'a accueillie dans un restaurant de la place des Ternes. Elle portait une chemise blanche, un pantalon clair, et m'attendait tranquillement, sans lire, ni téléphoner, pas besoin de tuer le temps. Ses cheveux blonds impeccablement coiffés, son maquillage léger et son regard bleu parsemé de petits points d'or m'ont immédiatement troublée. J'étais très intimidée en m'asseyant face à elle. Nous étions comme des étrangères qui se connaissent depuis toujours.

Elle a attendu que je parle. Je devinais qu'elle ne voulait pas s'encombrer de phrases convenues sur la météo, le temps qui passe et les nouvelles de la famille. Elle répondait à mon appel, je devais aller à l'essentiel. Alors j'ai lancé :

– Je voudrais rencontrer un Sage. Pouvez-vous m'aider ?

Elle m'a interrogée sur les raisons de ce désir, je lui ai répondu que j'avais tourné le dos à l'Église depuis la mort de mon frère. Si je ne croyais plus en Dieu, dans le Sahara j'avais ressenti de façon palpable la puissance du mystère. Mais je ne parvenais pas à faire entrer dans ma peau la joie et le souffle que je ressentais là-bas. Je cherchais un regard qui me guide et m'élève. Izou m'a répondu :

13

– Tu es libre de partir dans dix jours ?

– Oui.

Elle a pris son téléphone pour appeler son Maître, Vijayananda. Elle a ajouté qu'il fallait toujours agir dans l'instant car l'énergie de l'instant a plus de force. J'acquiesçais, un peu stupéfaite. Je ne connaissais rien à l'Inde, à l'hindouisme, au monde des Sages, je n'avais rien lu ce sujet, je suivais simplement mon intuition. Très émue, elle a dit à Vijayananda, qu'elle appelait « Babaji », qu'elle voudrait venir le retrouver avec moi et lui a demandé s'il était d'accord. Puis elle m'a passé le téléphone. J'ai entendu une voix âgée, très douce, et deviné un sourire dans cette voix, mais j'étais gênée, ne sachant que lui dire. Il a simplement exprimé sa joie de me voir, puis a raccroché.

Alors Izou m'a dit :

– Maintenant, il faut que tu saches qui est Vijayananda. Je crois que tu ne réalises pas ta chance d'aller à lui.

Elle avait raison. J'ignorais tout de ce monde-là.

J'étais heureuse de rencontrer ce Sage, mais aussi décidée à rouler ensuite sur les routes de l'Inde avec mon sac à dos. Le voir quelques jours, lui poser des questions essentielles puis vagabonder. Izou ne contrait pas mes plans. Elle cherchait surtout à me préparer à cette rencontre.

Elle me menait vers l'âme de sa vie alors qu'elle ne m'avait pas vue depuis vingt ans.

Babaji est né en 1914 dans une famille juive de Metz. Ayant perdu très tôt son père, il a grandi avec ses frères et sœur dans la tradition juive auprès du nouveau mari de leur mère, rabbin. Très tôt, sa mère a su qu'il était un enfant exceptionnel, porté par une foi hors norme. Son beau-père rêvait qu'il devienne un grand rabbin. Mais sa voie était ailleurs.

Médecin pendant la Seconde Guerre mondiale, les balles passaient miraculeusement près de lui sans jamais le toucher. Il avait refusé de porter des armes, mais n'avait jamais peur. Excepté une fois. Une bombe était tombée près de son ambulance, alors il a tremblé pour ceux qui l'accompagnaient. Ils sont tous morts sur le coup. Il fut le seul rescapé. Coïncidence ? Il était dans le même régiment que le père d'Izou…

Alors qu'il méditait déjà depuis plusieurs années, à trente-sis ans, il décide de quitter son cabinet pendant deux mois et de partir en Inde trouver son maître. Il imaginait un homme dans l'habit ocre des moines, portant une grande barbe blanche et offrant son enseignement à des disciples dévoués. Mais après des semaines à sillonner le pays des Sages, il ne fit aucune rencontre décisive. Il s'apprêtait à rentrer en France quand il entendit parler de Ma Anandamayi qui attirait à elle des foules innombrables. D'une beauté troublante, elle ne répondait pas du tout à l'image que Babaji se faisait de son Maître spirituel. Poussé par la curiosité, il se rendit néanmoins dans son *ashram*[*][1] de Bénarès. Après avoir passé un beau moment avec elle, il regagna son hôtel, prêt à quitter l'Inde. Mais à son insu, il venait de rencontrer l'être qu'il avait attendu toute sa vie. Il a raconté ce choc à Izou : « C'est comme si je sentais en moi un baril de poudre et qu'on venait d'allumer la mèche… En arrivant dans mon hôtel, l'explosion. J'ai ressenti un bonheur surhumain. Dans ce bonheur, il y avait la certitude, sans aucune trace de doute, qu'elle était un véritable Sage, le gourou que j'étais venu chercher. Le lendemain, suis allé à l'*ashram* et j'ai dit : "MA, est-ce que je peux rester avec vous", elle a répondu : "Oui". » Il n'est jamais revenu en France.

Très vite, MA lui donna son nom : Vijayananda, « le victorieux dans la Béatitude ». Après avoir passé plusieurs années auprès d'elle à Bénarès, il s'est isolé dans l'Himalaya. Loin d'elle, il ne cessait de l'appeler dans son cœur, incapable de supporter cette distance. Elle entendit son appel intérieur, vint le trouver et dit d'un air sévère : « On n'appelle pas son gourou en vain. » Il retourna à l'*ashram*. Quand il fut enfin prêt, il se réfugia dans une cabane

---

[*] Tous les termes sanscrits en italique sont expliqués en bas de page lors de leur première utilisation. Par la suite, se référer au lexique à la fin du livre.

[1]. Institution dans laquelle séjournent des fidèles pour suivre l'enseignement d'un maître.

d'ascète à Dhaulchina au cœur de l'Himalaya pendant sept ans. Sept années de silence où il comprit qu'il n'y avait pas de séparation, que MA était partout.

Il n'allumait jamais de feu de bois, afin d'apprendre à dépasser les besoins de son corps. Il perdait ses dents à force de manger des racines. Une fois par an, il descendait de sa montagne pour se prosterner aux pieds de MA. Une année, après des mois de silence, il se mit à lui parler en hindi couramment, stupéfait de pratiquer cette langue qu'il ignorait. MA sourit : « Tu parles hindi maintenant ? » Il l'avait appris spontanément. Izou m'a raconté cette histoire en riant, comme s'il s'agissait d'une bonne blague. Je me suis extasiée en criant au miracle, mais elle m'a répondu que ce n'était pas vraiment le cas. En s'unissant totalement à la conscience divine, les Sages n'ont plus besoin de passer par l'intellect pour savoir. Leur âme est comme une coupe de cristal qui reçoit le mystère. Dans leur monde, rien n'est impossible car ils ont une connaissance parfaite des lois de l'univers. Izou a conclu par ces mots :

– Babaji est considéré en Inde comme un homme-dieu. Ce qui va t'arriver est au-delà de l'imaginable et en même temps très simple.

J'étais de plus en plus troublée, dérangée même par ce langage inconnu.

– Champagne !

Izou a appelé la serveuse pour qu'elle nous serve deux coupes afin de célébrer cette nouvelle vie qui m'attendait. Je venais de finir mon café, mais aucune importance, champagne. J'allais vite découvrir que ma tante ne se conformait jamais à l'ordre établi. Elle suit son intuition et l'évidence de l'instant.

En sortant du restaurant, nous sommes allées dans une agence pour prendre les billets d'avion. Elle était décidée à m'offrir ce voyage. J'avais beau insister pour refuser ce cadeau, elle ne voulait rien entendre. Elle m'invitait auprès de Babaji, sans compter. Elle est si intense que personne ne peut lui résister longtemps. « Sache vouloir », disait Sénèque. Elle sait. Grâce à des années de méditation, ses convictions ont la puissance du laser.

Je suis rentrée chez moi abasourdie. J'ai longuement regardé par la fenêtre de mon petit bureau de la rue des Moines pour m'apaiser. La peur venait se glisser peu à peu dans cette joie qui m'avait envahie quand j'avais eu le billet « Paris-Delhi » dans les mains. Cette fois, je ne partais plus marcher seule sur les routes, mais je volais vers un Maître à Kankhal, petit village d'Inde au pied de l'Himalaya près de la grande ville d'Haridwar. J'allais passer des journées entières, enfermée à attendre un Sage qui descendrait de sa chambre tous les jours en fin d'après-midi. Izou avait bien insisté : « Rien à visiter. Rien à voir. Tu es là seulement pour Babaji. » J'ai posé le

Lonely Planet *Inde du Nord* en évidence sur mon bureau afin d'avoir toujours une porte de sortie sous les yeux. J'avais désiré cette rencontre de tout mon cœur, mais maintenant qu'elle s'offrait à moi, je cherchais une échappatoire. Quand Babaji avait rencontré MA, il n'était plus jamais revenu en France. Izou mène une existence de moine au cœur de Paris. Et moi, qu'allais-je devenir ?

J'avais une vie sentimentale totalement décousue, je sortais tous les soirs, ne restais jamais plus de trois semaines au même endroit. Je me dissolvais. Une partie de mon âme, renforcée par des mois dans le désert, s'était réveillée, et j'avais répondu à cette urgence-là : trouver une issue sur terre dans le regard d'un être éveillé. Maintenant que je m'en approchais, j'avais peur. Je sentais confusément que Babaji allait bouleverser tous mes repères. Même s'ils m'enlisaient, je les chérissais.

Babaji semblait être un homme exceptionnel. Comment allais-je supporter un contact aussi puissant avec ma foi en berne et mon cœur errant ?

Plus la date du voyage approchait, plus ma peur grandissait. Izou me parlait de Dieu, mais je Lui avais tourné le dos. J'avais décidé d'être athée quand mon frère avait mis fin à ses jours. Je passais pourtant des heures à parler aux étoiles dans le désert, j'avais vécu un mois dans un monastère de contemplatives dans la jungle et je m'apprêtais à rencontrer un Sage immense. Mais Dieu n'avait pas sauvé mon frère de lui-même. C'était ridicule de Lui en vouloir. Pourquoi Son amour infini devrait-il sauver ceux qu'on aime et laisser mourir les autres ? Je rejetais cette question. J'étais en colère. Mais j'avais soif.

Pour préparer mon voyage, je passais mes journées à lire les livres de Ma Anandamayi. J'ai alors découvert un être extraordinaire né dans un petit village du Bangladesh à la fin du XIXe siècle, au sein d'une famille pauvre de *brahmanes*[1] très spirituels. Enceinte, sa mère savait déjà par des signes et des présages qu'elle attendait un enfant hors norme. Elle avait la conviction que la lumière entrait dans sa maison. Elle appela donc sa fille Nirmalâ (pureté, immaculée). Petite fille, elle attirait tout le village à elle. Inconsciemment, les gens savaient qu'elle vivait au cœur d'un au-delà. Elle accomplissait ses tâches ménagères avec ses sœurs dans un esprit de service et de dévotion sans limites. Pour elle, c'était un honneur d'être au service de Dieu par ces travaux quotidiens. Soumise, elle n'avait aucun désir personnel. Joyeuse, quoi qu'il arrive, elle se laissait simplement traverser par ce qui s'imposait à elle.

MA fut mariée à douze ans à Bholanâth. Quand ils s'installèrent ensemble quelques années plus tard, leur mariage ne put être consommé. Il se dégageait

---

1. Les brahmanes (ou brahmines) sont les hommes et les femmes de la caste des prêtres en Inde, la caste la plus élevée.

d'elle une telle énergie spirituelle que Bholanâth devint immédiatement son premier disciple, se prosternant chaque jour à ses pieds.

MA était dans un état de complète illumination depuis sa naissance. Illettrée, sans enseignement, elle pratiquait spontanément les postures yogiques les plus compliquées, entrait en transe et parlait des Écritures qu'elle connaissait parfaitement sans avoir ouvert un livre. Elle demeurait parfois en état de *samādhi*[1] plusieurs jours de suite. Un état dans lequel tous les signes de vie deviennent pratiquement imperceptibles car l'âme est détachée du corps, fondue dans la conscience divine.

Quand Bholanâth devint l'intendant des jardins de Shabbag, ils partirent vivre à Dacca où MA se dévoila. Attirés par son extraordinaire rayonnement, les habitants de la région défilaient à ses pieds. Des fidèles de toutes les classes sociales affluaient auprès d'elle, découvrant un sens nouveau à leur vie. Les *pandits*[2] et les religieux les plus instruits venaient la défier. Recevoir des directives spirituelles d'une villageoise illettrée semblait en effet invraisemblable. Mais ils finissaient par se prosterner. Face à MA, tous se sentaient mis à nu. Ce n'était pas seulement ses nombreuses guérisons psychiques et physiques

1. Ici, état de supraconscience.
2. Hindou lettré issu de la caste des brahmanes (caste des prêtres).

ni ses miracles qui fascinaient les fidèles, mais sa joie constante, sa plénitude spirituelle et sa puissance d'amour sans limites.

Malgré tous les *ashrams* construits en son honneur, elle passait son temps sur les routes, comme en écho à son immense liberté. Mais MA était d'abord libre intérieurement. Une incarnation divine. Elle quitta son corps le 27 août 1982, à l'âge de quatre-vingt-six ans.

Si l'histoire de MA me fascinait, sa photo me bouleversait. Je ressentais une véritable émotion face à son regard en extase. Comment pouvais-je ressentir autant d'amour pour un visage inconnu ?

La veille de mon départ, je suis sortie très tard. Je voulais vivre à fond, m'enivrer avant d'affronter la vie pure. Les phrases de MA m'envoûtaient mais je voulais être encore futile, fêtarde et légère avant de n'en être plus capable. Je manquais totalement de cohérence, mais je me rassurais en me persuadant que nous sommes tous paradoxaux. Bholanâth, le mari de MA qui fut son premier disciple, ne cessait de répéter : « J'ai tout bien, sauf ma femme. » Il vivait avec la Joie incarnée, il la reconnaissait comme une incarnation divine ; mais elle échappait tellement à l'idée qu'il se faisait d'une femme dévouée et soumise qu'il se cabrait.

*

En route pour l'aéroport, j'essayai en vain de calmer mon trac. Je partais trois semaines et projetais de rester dix jours à Kankhal avec Izou auprès de Babaji, puis de sillonner l'Inde du Nord. J'appréhendais énormément cette vie immobile, presque cloîtrée à attendre l'heure bénie où Babaji viendrait à notre rencontre. Je me répétais que je pourrais partir à tout moment, que rien ne me retiendrait à Kankhal si je ne parvenais pas à me glisser dans cette existence entièrement tournée vers le divin. Mais, au fond de moi, je pressentais que j'allais être dépassée. C'était bien cela qui m'effrayait : ne plus prendre la route, fascinée par un regard. Une attitude opposée à l'idée que je me faisais de moi-même.

À l'aéroport, j'ai retrouvé ma tante accompagnée de Gonzague, un grand banquier d'affaires bouddhiste. Après avoir rencontré Izou, il a désiré ardemment voir Babaji. Puis il lui a consacré sa vie. Depuis des années, il part avec ma tante sur les routes de l'Inde, menant comme elle une vie de moine. Dès mon arrivée, il m'a tendu un sac rempli de pains au chocolat. J'ignore encore pourquoi cette attention m'a tant marquée. Peut-être devinait-il ma peur et avait-il cherché à la noyer dans cette douceur sucrée. Je les dévorai sans faim comme s'ils étaient mon dernier repère avant le grand saut dans l'inconnu. Il ne s'agissait pas d'ailleurs, ni de voyage, mais véritablement d'inconnu. Car je m'apprêtais à pénétrer dans un autre monde : l'Inde des Sages millénaires.

Dans l'avion, j'essayai de dissoudre mes pensées en vrac dans des films niais. J'allais passer trois semaines à ne parler que d'essentiel, je voulais donc me gorger de banalités. Mais très vite, Izou est venue me chercher pour discuter. Debout, dans le coin réservé aux hôtesses et aux stewards, nous avons dégusté une coupe de champagne en parlant de Dieu. J'ai osé lui demander comment elle était arrivée auprès de Babaji. Je me doutais que ses journées cloîtrées dans sa chambre, qui m'étonnaient tant petite, avaient un lien avec sa quête. Mais lequel ?

Elle m'a fixée intensément. Elle semblait sonder mon regard afin de savoir si elle pouvait se dévoiler. Son beau visage était légèrement dessiné par les veilleuses de l'avion qui rendaient notre échange irréel dans ce silence de nuit en plein ciel. Un peu mal à l'aise, j'espérais que mes yeux allaient lui révéler ma bonne volonté. J'espérais qu'elle allait lire en moi que j'étais prête à tout entendre. Sans juger. Enfin, elle a parlé tout doucement pour que personne ne l'entende. Peut-être aussi par respect pour la nuit.

Izou a commencé à s'exprimer à l'âge de cinq ans. On la croyait muette, peut-être même un peu simplette. Mais autre chose se jouait en elle. Elle ne ressentait pas le besoin de parler. Elle s'adressait à Dieu et cela lui suffisait. Elle avait l'étrange conviction que la vie qu'elle menait n'était pas la vraie vie. Adolescente, elle jouait le jeu et faisait la fête avec ses amies, mais personne ne se doutait qu'elle restait enfermée des journées entières dans sa chambre à prier.

Elle avait seize ans quand Michel, très beau jeune homme de vingt ans, est allé vers elle dans une soirée. Séduit par son regard, il lui a lancé : « Vous êtes d'un autre monde. » Il lui a demandé sa main quelques mois plus tard. Elle était en terminale quand ils se sont mariés. Oui, elle était d'un autre monde, d'un autre temps.

À vingt et un ans, elle a eu sa première fille, puis deux ans plus tard, une seconde. Alors sa vie a basculé. Un rêve obsédant venait la visiter toutes les nuits. Un vieux monsieur la fixait intensément. Son regard puissant disait son appel. Il fallait qu'elle le trouve. Ce désir était devenu vital, un supplice mental, une idée fixe. Elle savait par son rêve qu'il était en Inde, mais comment le trouver ? Être séparée physiquement de cet homme lui faisait perdre toute son énergie. Elle restait couchée pendant des heures dans sa chambre, à regarder le plafond, profondément désespérée de ne pouvoir répondre à cet appel intérieur. Puis le rêve devint une vision qui l'obsédait des journées entières. Dès qu'elle sortait de sa chambre, elle ne montrait rien de sa souffrance et retrouvait sa gaieté naturelle. Elle s'occupait de ses filles et sortait avec des amis, décidée à se cramponner à la vie malgré tout, à rester « normale ». Elle passait des nuits entières à danser sans boire d'alcool pour ne jamais perdre le contrôle. Danser était sa réponse au désespoir.

Michel connaissait l'existence des visions de sa femme et le supplice intérieur qu'elle subissait. Elle craignait d'être folle, tout en restant persuadée que ce n'était pas le cas. Michel refusait qu'elle prenne des médicaments. Il lui faisait confiance même si lui aussi était dépassé. Il n'est pas facile d'accepter que sa femme aime de toute son âme un homme qui la visite en rêve jour et nuit… Mais il savait qu'il s'agissait d'un appel spirituel. Et il voyait son épouse se battre pour tenir.

Les femmes de ménage qui travaillaient chez eux se succédaient à un rythme effrayant. Elles entendaient des chants sanscrits qui sortaient de la chambre de ma tante alors qu'elle était absente. Affolées par ce phénomène inexplicable, elles démissionnaient. Mais Izou n'était pas étonnée. Ce que les autres trouvaient anormal lui semblait naturel. Elle avait une autre vision du monde.

Après cinq ans de souffrance, tenaillée par cet appel, enfermée dans le noir toute la journée, elle se retrouva physiquement et moralement dans un état critique. Pour l'aider, elle dut faire appel à une nounou à plein temps. Découvrant son état dramatique, cette dernière offrit à ma tante un livre de MA, *Aux sources de la joie*. Dès qu'elle vit la photo de MA sur la couverture, sous le coup de l'émotion, elle eut quarante de fièvre. MA avait quitté son corps, mais Izou sentait que son appel passait par elle, sans pour autant en comprendre la raison. Elle n'avait pas la clé, mais elle suivait à la lettre les mots de MA et se mit alors à méditer consciemment avant d'encourager toute sa famille à la suivre dans cette voie.

Enfin elle partit en Inde de façon inattendue. Un homme qui avait entendu parler d'elle par une amie l'appela à minuit en lui disant : « Je ne vous connais pas mais je vais me suicider, je voulais vous parler. » Le soir même, Izou lui donna rendez-vous dans une brasserie. Elle lui parla de l'Inde. Il lui répondit : « Allons-y. » Quelques jours plus tard, ils partirent, sans se connaître, simplement poussés par une évidence. Elle savait qu'elle devait se réfugier dans les montagnes, mais elle ignorait lesquelles. Étrangement, malgré sa fascination pour MA, elle ne se dirigea pas vers son *ashram*, mais vers une montagne où se trouvait un temple de Nityananda. Elle y passa dix jours à méditer. Un gourou femme la guida, mais elle ne vécut jamais dans un *ashram*, incapable de rentrer dans un système.

Sept années de voyages en Inde et de méditation intense suivirent cette première rencontre avec la terre des Sages. Seule ou accompagnée, elle partait, poursuivie par ses visions. Même si elle devinait qu'elle s'approchait de l'homme de son rêve par la méditation, le supplice mental continuait.

Après sept années de quête infructueuse, elle sentit que la vie la quittait. Elle projeta donc d'aller au Bangladesh, à Siddheshwari, à l'endroit même où MA s'était montrée sous les atours de Kali. Elle nourrissait le vœu secret d'annoncer à la déesse de la mort et de la délivrance, mère destructrice et créatrice, qu'elle allait quitter ce monde. Quelque chose la poussait à entrer dans ce temple avant de passer de l'autre côté.

Michel devait partir au Bangladesh pour son travail. Elle le supplia donc de trouver ce temple. Décidé à sauver sa femme, il lui promit qu'il ferait tout son possible pour répondre à son souhait. Mais après une journée entière de recherche infructueuse à Dhaka, il désespérait de trouver ce temple qui semblait inconnu de la population locale. Il appela Izou pour lui annoncer la mauvaise nouvelle. Elle répondit « cherche encore ». Alors il s'installa dans un jardin, il ferma les yeux et dit : « MA, si tu es vraiment ce que tu es, montre-moi le chemin. » Quand il ouvrit les yeux, un homme lui faisait face. Michel lui demanda s'il connaissait le temple de Siddheshwari. L'homme murmura : « Suivez-moi. » Il le conduisit au lieu sacré perdu dans la jungle à l'extrémité de Dhaka, avant de disparaître.

De retour à Paris, mon oncle repartit à Dhaka avec Izou. Seuls les *brahmines* avaient le droit de pénétrer dans ces murs centenaires consacrés à Kali. Mais quand Izou se présenta devant le prêtre qui gardait le temple, celui-ci lui ouvrit immédiatement la porte en précisant que MA l'avait prévenu en rêve qu'une femme blanche allait venir. Alors qu'elle pénétrait à l'intérieur, le *brahmine* lui donna la *diksha*[1] de Kali. Enfin seule, elle demeura dix heures en méditation, portée par la conscience aiguë d'être revenue à la source. Pourtant, de retour à Paris, son corps s'affaiblissait de plus en plus. Chaque respiration était une douleur. Chaque respiration était un appel. Elle projeta donc de partir à Kankhal, où se trouve le *Samadhi*[2] de MA. Elle désirait déposer sa vie entre ses mains. Michel l'accompagna une fois de plus, espérant aider sa femme à sortir de l'enfer dans lequel elle était plongée. Sauver leur famille du naufrage.

À l'*ashram* de Kankhal, on leur parla d'un vieux Sage français qui pourrait peut-être les aider. Mais Izou refusa de le rencontrer, épuisée de chercher en vain. Michel alla le trouver. Il lui confia que la douleur de sa femme semblait sans issue. Ce Sage vivait coupé du monde dans sa chambre, mais il accepta de rencontrer cette femme à bout de souffle. De son côté, Izou suivit les conseils de son mari et attendit le moine sur un banc, dans la cour face au *Samadhi*.

1. Rite initiatique.
2. Ici, un tombeau.

Il s'assit près d'elle. Elle ne le regardait pas, les yeux tournés vers sa souffrance. Il lui dit tout doucement : « Il paraît que vous avez un gros problème. » Elle répondit : « Oui, je cherche un vieux monsieur qui m'appelle en rêve et je ne le trouve pas. » Furieux, il rétorqua : « Pas si vieux que ça quand même ! » Elle se tourna vers lui. C'était lui. Elle ressentit alors un choc immédiat. La conscience en arrêt, le corps qui tremble, l'âme qui explose, une joie douloureuse, trop immense pour son cœur meurtri. L'évidence qu'elle était enfin à sa place auprès de Vijayananda. Le lendemain, il lui lança : « Mais pourquoi avez-vous tant tardé ? »

Le visage tourné vers le hublot, Izou ne me regardait plus depuis un moment. Elle semblait parler pour ses souvenirs, revenir en pensée, les yeux dans les nuages, à cet instant magique, éblouissant, où l'homme de sa vision avait pris chair.

Soudain, elle s'est tournée vers moi, m'a fixée et m'a dit :

– Tu verras, Babaji est un homme très simple, la simplicité même.

Interloquée, j'ai lancé, un peu trop fort :

– Mais comment un être aussi puissant peut-il être simple ?

– Nous, nous sommes très compliqués, seuls les grands Sages savent être ordinaires. Ils n'ont plus d'ego, leur humilité les distingue. Tout en eux est clair et sincère puisqu'ils ont une maîtrise parfaite du mental.

Intellectuellement, ce langage était logique, mais mon cœur ne parvenait pas à saisir ce qu'elle me disait. Izou me menait donc vers un homme « ordinaire » car il vivait en lien direct avec le mystère. Ce n'était pas vraiment l'idée que je me faisais d'un homme ordinaire. Elle a dû ressentir son trouble car elle a ajouté :

– Quand tu le verras, tu comprendras.

L'avion s'est éclairé, forçant les passagers à sortir de leurs rêves pour revenir sur terre. Sous le choc de l'histoire de ma tante, j'étais encore plus inquiète à l'idée de rencontrer Babaji. Bien sûr, cela faisait des années que je sillonnais le Sahara, mais était-ce une préparation suffisante pour entrer en contact avec un *Rishi*, un instructeur de l'humanité ? Comment ne pas se sentir tout petit, banal, insipide face à Lui ?

Alors que l'avion perçait les nuages, j'avais la sensation que le ciel me tendait les bras. Le ciel dans un visage.

UN REGARD

J'ai rencontré Babaji une nuit de pleine lune. La voiture nous a déposés à Kankhal face au *Samadhi* de MA, son tombeau abrité par un temple de marbre blanc. Des chants sacrés surgissaient des haut-parleurs du *Samadhi* dans lequel se tenait une cérémonie : l'*arati*[1] du soir. Face à ce lieu sacré, dans la cour blanche, contre un mur, un vieil homme était assis sur une chaise en plastique, vêtu de la tenue ocre des moines. Dans le crépuscule, je distinguais seulement sa longue barbe blanche, sa tête penchée vers les Occidentaux et les Indiens assis sur des nattes, tournés vers lui. Il semblait si simple, presque effacé, que j'ai été surprise d'apprendre que c'était lui, l'immense Sage que j'étais venue trouver. Babaji était un Sage caché. Il

1. Rituel hindou dans lequel la lumière de mèches imbibées de ghi ou de camphre est offerte à une ou plusieurs déités. L'*arati* est généralement exécuté deux à cinq fois par jour, le matin et le soir.

ne se révélait qu'à ceux qui pouvaient voir avec leur âme.

Il a ouvert les bras pour accueillir Izou. Spontanément, les fidèles présents se sont écartés. Ma tante s'est prosternée face à lui, longtemps. Elle semblait déposer sa vie à ses pieds. Enfin, il a tourné la tête vers moi et j'ai vu son regard. Une force, une lumière et un amour tels que je n'en ai jamais vu chez un être humain. Fidèle à la tradition, je me suis moi aussi prosternée à ses pieds en signe de respect, très mal à l'aise de m'incliner ainsi devant un être humain. Genoux et tête contre le sol, le corps raide, tout en moi résistait à ce geste improbable pour une Occidentale.

Alors que je m'asseyais par terre près de lui, il me fixait, amusé par mon trac. J'ai soutenu son regard et découvert son visage. Des cheveux blancs retenus en arrière en queue-de-cheval, un large front traversé de rides, des sourcils épais protégeant des petits yeux marron, si perçants qu'ils semblaient habiter tout son visage. Impossible de distinguer ses lèvres minces, enfouies dans la barbe, comme si le silence lui collait à la peau. Un peu voûté, son corps portait le poids du temps. Pourtant, il ne semblait pas le sentir. Aucune lassitude dans ses yeux. Seulement le feu.

Izou m'avait répété dans la voiture : « Les mots d'un Sage véritable ont un grand pouvoir car ils se réalisent toujours. » J'attendais donc avec impatience ses premiers mots, persuadée qu'ils seraient fonda-teurs : « Qu'a dit votre père quand je vous ai appe-lée ? » (donc il m'avait appelée !). J'ai répondu qu'il n'avait pas fait de commentaire. Mais Babaji savait que mon père, très attaché à la religion catholique, devait être opposé à cette rencontre. Babaji a répété : « Pas de commentaire ? » Puis il a ri. Pas moi. Pour-quoi parler de mon père ? Il a enchaîné : « Vous êtes intimidée ? » J'ai hoché la tête, rougissante. Alors il a ajouté ces mots étonnants : « J'espère que vous avez la climatisation dans votre chambre. »

D'abord, mon père, puis la climatisation, mais pourquoi évoquait-il d'emblée ces sujets ? Plus tard, je compris que ses premiers mots étaient déjà un enseignement : Dieu réside dans les détails, pas dans les grandes paroles. Ces questions étaient en fait essentielles : suis-je en rupture avec mes racines en venant vers lui ? Suis-je accueillie dans de bonnes conditions pour passer ces semaines auprès de lui ?

Alors que j'étais de plus en plus mal à l'aise, il s'est tourné vers l'assemblée et a lancé : « Elle s'appelle Blanche de Richemont, son père est sénateur. » J'ai rougi carrément. Était-ce si important que mon père soit sénateur ? Oui. Il me montrait ainsi que mon arrivée près de lui était assez improbable. Surtout, il avait dû sentir mon attente de paroles métaphy-siques et spirituelles. Il a immédiatement brisé mes préjugés, me signifiant ainsi que tout chercheur doit d'abord avoir les pieds sur terre.

Avant de s'éloigner, il m'a proposé du fromage. Loin des grands discours, il offrait du fromage et me demandait si j'avais la clim dans ma chambre. Mais autre chose se passait. Je sentais un fluide intense dans mon ventre. Un va-et-vient du plexus solaire jusqu'au bas-ventre. Des vibrations si puissantes que ma tête tournait.

Pushparaj, le brahmane qui prenait soin de lui, est venu le chercher pour l'aider à monter dans sa chambre. Les fidèles se sont prosternés un à un, émus, bouleversés. Ils touchaient ses pieds et murmuraient « merci ». Était-ce à ce fluide, à cette puissance qu'ils disaient merci ? Une phrase qui les avait touchés au cœur ? Un morceau de fromage ?

Je lui pris la main pour l'aider à marcher vers le couloir qui menait à sa chambre. Une main longue et fine, usée par le temps, mais douce. Il serrait mes doigts avec force. Alors que nos paumes s'imprimaient l'une contre l'autre, je songeais qu'enfin je le rencontrais. Chaque pas le faisait souffrir, mais il avait le cœur à rire. Il m'a demandé de deviner son âge. « Quatre-vingt-cinq ans », ai-je lancé, tout en sachant parfaitement qu'il avait dix années de plus. Il a ri : « Quand on est vieux, les jeunes vous disent toujours que vous n'êtes pas vieux ! » Il s'est éloigné doucement avec Pushparaj, petit bonhomme tout rond au regard pétillant. La silhouette penchée de Babaji s'éloignait, soutenue par cet homme troublant de dévotion, sans impatience, conscient que le servir est un honneur.

Je suis rentrée avec Izou et Gonzague à la *guest house*, en silence, incapable de trouver les mots pour décrire ce que je venais de vivre. L'éblouissement, la gêne et, le plus troublant : l'amour. Non pas un coup de foudre, mais un coup dans l'âme. Une envie irrésistible de le revoir. L'étrange sensation d'être arrivée à destination.

Dans ma chambre, j'ai allumé la clim, en pensant à lui. Puis j'ai admiré mon nouveau refuge à la lumière du néon collé au plafond. Un petit lit avec un mauvais matelas trônait au milieu de la pièce. La fenêtre donnait sur un bras du Gange plein d'ordures. Mais je l'entendais couler à travers la vitre comme une musique bienfaisante, une compagne de silence. Je me suis assise sur une petite chaise en bois collée au mur, et j'ai ouvert au hasard ce livre de MA que j'aimais tant, *Aux sources de la joie*. Je suis alors tombée sur ces mots qui semblaient parler de Babaji : « L'homme qui est solidement installé dans la bonté essentielle à la nature humaine, on l'appelle un saint. Il est indifférent aux plaisirs de ce monde et il connaît le secret du Moi ; il est toujours plongé dans la joie de la communion divine. Possédant un amour universel, il n'a pas de soucis. Son esprit, comme celui d'un enfant, est sincère, joyeux, libre de tout égoïsme. La vue d'un tel homme nous inspire. Sa société éveille en nous le désir de connaître Dieu et purge l'âme de toute pensée impure, tout comme un jet d'eau nettoie un objet poussiéreux. »

Pendant le dîner, Izou m'a parlé de méditation. Elle m'a conseillé de rester immobile un long moment. De me concentrer et faire taire mon mental. Cela semblait si simple que je m'en réjouissais. Un Français qui nous avait rejoints m'a recommandé de méditer avec le *mantra*[1] de la non-dualité : « Je suis Cela. » Bien sûr. Je suis Cela. Évident. Je ne connaissais rien à l'hindouisme, je n'avais jamais médité de ma vie, mais je devais répéter : « Je suis Cela. » Je l'ai regardé avec l'air le plus intelligent dont j'étais capable. Grand, très mince dans son habit blanc, cheveux en bataille, barbe noire pour montrer son renoncement aux choses du monde, il me fixait d'un air sérieux, persuadé qu'il venait de me révéler une vérité fondamentale. Izou lui a dit que j'avais fait un DEA de philosophie sur le sublime. Il a répliqué que je n'aurais donc pas de mal à comprendre le *mantra* de la non-dualité. Faux. Bien plus tard, j'en découvrirais le sens. « Je suis Cela » signifie : Je suis le Soi. Le Soi, c'est le divin en nous. Pour les hindous, Dieu est en nous, et le but d'une vie est de nous unir à cette conscience divine, stable, joyeuse, éternelle. La méditation arrache le voile et révèle cette grande lumière qui veille et

1. Son sacré.

n'attend qu'à être révélée. Nous passons sur terre pour nous unir à cette force mystérieuse qui nous porte et nous guide à notre insu.

Ce soir-là, mon premier soir à Kankhal, j'étais incapable de comprendre tout cela. J'étais perdue, aux prises avec des émotions contradictoires. La peur, aux confins du rejet, mais plus puissante encore, la fascination.

Le lendemain matin, je me suis levée à l'aube pour méditer. Je me suis assise sur mon lit défoncé face à ma fenêtre donnant sur le Gange. Le soleil se levait, livide dans une brume de chaleur qui effaçait son éclat. J'ai fixé le ciel et me suis concentrée sur ma respiration, incapable de répéter « Je suis Cela ». Très vite, les fourmis dans les pieds et les pensées vagabondes. Alors j'ai fait trois cents abdos et suis partie découvrir le village de Kankhal. J'ai croisé des fillettes aux nattes impeccables, en route pour l'école, et des mendiants en loques blottis contre des murs gris dont ils ont pris la couleur. J'ai évité les bouses de vache et respiré les guirlandes de fleurs qu'une jeune femme vendait devant le *Samadhi* de MA. J'ai voulu à tout prix trouver du charme à ces maisons délabrées et aux immeubles modernes qui semblent faits de carton-pâte. Mais je n'ai pas repéré de ruelle boueuse où déposer mon cœur. J'allais peut-être rester ici trois semaines et je ne voyais aucun refuge de beauté pour tenir. Je décidai de me concentrer sur les passants. Des hommes dans la tenue ocre des moines, portant des lunettes de soleil et des cheveux longs, roulaient à toute vitesse en moto sans se soucier des vaches sacrées qui se prélassaient sur la route. Comment ces hommes aux allures de rockers séducteurs frimeurs pouvaient-ils porter l'habit des renonçants ? Les écoliers s'entassaient dans les *rickshaws*[1]. Les charrettes tirées par des bœufs restaient bloquées dans les ruelles. Les porcs fouillaient les ordures de leur groin, noir de boue. Les vendeurs de *bidis*[2] dans leurs petites cabanes de bois écoutaient la musique à fond. Des hommes se faisaient raser au bord de la route par des barbiers ambulants. Des femmes en sari étincelant semblaient danser sur l'asphalte, auréolées de tissus soulevés par leurs gestes. La vie. Leur vie ardente, joyeuse même dans la misère. Leur existence semblait transcendée. Ils ne cherchaient pas à être heureux mais à vivre au plus haut dans ce qu'ils étaient. Surtout, ils visaient le ciel.

En retrouvant Izou à la *guest house*, je n'ai pas osé lui parler de ma méditation matinale transformée en abdos déchaînés. Elle m'a accueillie dans sa chambre, joyeuse, légère comme une enfant qui trouve que la vie est un espace de jeu ahurissant.

1. Petite voiture à trois roues motorisée.
2. Petites cigarettes indiennes constituées de feuilles roulées en forme de cône, provenant d'un arbre tropical.

Elle m'a fait découvrir le village que je m'étais contentée d'effleurer le matin même. J'aborde un lieu nouveau comme un homme à aimer. Juste une caresse pour se sentir, se mettre au diapason, puis chaque jour un pas de plus. Alors surgit la grâce d'une fusion, d'une reconnaissance. Ou pas.

Nous avons traversé des petites ruelles emmêlées les unes aux autres comme une chevelure sauvage, puis nous sommes retrouvées face au Gange. Derrière le fleuve, la plaine. Derrière la plaine, les montagnes, prémices des sommets de l'Himalaya. Face au Gange, un grand feu entouré d'hommes. J'imaginais une cérémonie dédiée à un dieu. Une fête familiale, joyeuse et recueillie. Quand j'ai interrogé Izou, elle m'a répondu : « Ce sont des gens qui crament. »

Nous avons longé les *ghats*[1] et j'ai découvert la magie du fleuve qui porte la ferveur des hommes. Des *sadhus*[2] à demi nus faisaient leurs *pujas*[3] en lançant des pétales de fleurs qui se précipitaient dans le courant ; des enfants jouaient sur des pneus crevés dans des éclats de rire ; des hommes en habit traditionnel impeccable méditaient les yeux fermés, le

1. Marches qui descendent dans un fleuve sacré pour les ablutions des hindous. C'est aussi un lieu où sont déposées les offrandes.
2. Moines.
3. Rituels.

visage tourné vers les montagnes lointaines ; les femmes faisaient leur lessive, et des groupes de moines pressaient le pas à notre contact pour ne surtout pas croiser nos regards de femmes. J'avais trouvé mon refuge.

Enfin Izou m'a conduite dans le *Samadhi* de MA. Derrière des grilles, la tombe en marbre immaculée, couverte de fleurs, sur laquelle veille une statue de MA habillée. On dit qu'elle est vivante. On la lave et la couvre de prières. Derrière les grilles, des nattes pour s'asseoir, méditer ou assister aux *aratis*. Une immense photo de MA est accrochée au mur. Je me suis assise près d'Izou. Une grande paix règne dans ce lieu coupé du monde. Il donne sur la rue, mais on n'entend pas les Klaxon des voitures, ni les cris de la vie. On les entend peut-être, mais ils n'existent plus. J'ai fixé un long moment le visage de MA, bouleversée devant la force de ce regard presque vivant. Un regard d'amour et de compassion infinie. Dans ses yeux, je lisais : « Je te comprends. Va plus haut maintenant. » J'avais terriblement envie de pleurer. Sans raison. Juste l'émotion de me sentir enfin moins seule en mon âme.

De retour à la *guest house*, Izou s'est enfermée pour méditer. Babaji ne descendrait de sa chambre que vers 17 heures Il était 11 heures. Six heures à attendre. Et ce serait tous les jours ainsi… Mais à Kankhal régnait une grâce particulière. Par je ne sais quel miracle, l'attente ne pesait pas. Rien à faire, pour que nous apprenions à être. À nous abandonner aux heures qui passent, sans chercher à les remplir. Simplement respirer en regardant le ciel est la meilleure façon de nous préparer à l'heure du Sage. Je me laissais donc bercer, étonnée de ma sagesse, fière de ne rien visiter, rien apprendre, rien donner. Ce sentiment n'allait pas durer. J'avais du feu dans les pieds.

Nous attendions Babaji, assis sur des nattes, seuls, Izou, Gonzague et moi. Peu à peu, des fidèles occidentaux venaient s'installer près de nous, discutant de choses banales comme s'ils se préparaient à un rendez-vous ordinaire. Je ne comprenais pas qu'ils puissent être si légers alors qu'ils allaient rencontrer un grand ascète qui pouvait bouleverser leur vie par un mot, un geste, un regard. En avaient-ils conscience ou étaient-ils seulement présents par curiosité ? Les motifs de notre présence n'ont finalement aucune importance, seule compte l'évidence de la rencontre.

Babaji est arrivé lentement, aidé par Pushparaj. Nous nous sommes tous levés mais seuls Izou, Gonzague et moi avons marché vers lui pour ne pas manquer une minute de sa présence. Il nous a accueillis d'un sourire, a longuement pris les mains d'Izou dans les siennes en silence. Ils se fixaient avec une telle intensité, un tel amour, que nous restions à l'écart.

Enfin, Babaji s'est assis sur sa chaise en plastique face au *Samadhi*. Je me suis prosternée profondément à ses pieds, sans maladresse cette fois, mais poussée de l'intérieur. Je ne comprenais pas ce qui m'arrivait. Deux jours auparavant, ce rituel me paraissait étrange, voire choquant, et désormais, il semblait nécessaire, merveilleux. La joie de s'en remettre à plus haut que soi. Depuis des siècles, en Inde, les fidèles se prosternent devant les Sages. Il en est ainsi dans toutes les traditions spirituelles : ce n'est pas l'homme ou la femme que l'on vénère, mais la lumière et le mystère qu'ils incarnent, leur dimension divine réalisée.

Babaji me fixait souvent sans parler. Chaque regard me demandait une concentration folle car il semblait interroger mon âme. J'avais surtout la sensation qu'il voulait me transmettre quelque chose qui m'échappait. Alors je soutenais son regard pour me fondre en lui. J'y parvenais quelques secondes, puis tout en moi se rétractait, criant que j'étais folle. Pourtant ces secondes d'échange muet, sans obstacle, étaient extraordinaires. Un soulagement immense de ne plus s'appartenir, de baisser les armes ; simplement s'abandonner à l'évidence d'une joie possible, réelle, puissante. Cette joie qui n'est pas seulement due à une émotion causée par une bonne nouvelle, mais un état intérieur. Je ressentais cela par bribes, mais ces fulgurances suffisaient à me montrer que j'étais à ma place, blottie contre la chaise en plastique d'un Sage descendu de l'Himalaya.

Parfois, mon esprit divaguait quand Babaji répondait à des questions qui ne m'intéressaient pas ou que je peinais à entendre. Pourtant Izou m'avait prévenue : chaque mot compte. Elle le fixait donc en silence, tendue vers lui de tout son être. Une force d'attention que j'admirais. Sans faille, sans pause. Parfaitement présente dans l'instant.

Soudain, une phrase de Babaji m'a fait sursauter : « On ne meurt pas. » Je me suis tournée vers lui, interloquée. Mais il ne me regardait pas. Paisible, il répétait à un fidèle : « On ne meurt pas. La mort n'existe pas. » Pour les catholiques aussi, l'âme est immortelle. J'avais senti à plusieurs reprises la présence de mon frère par des signes. Mais ce soir-là, les mots de Babaji m'ont choquée. La disparition brutale d'Arthur était une plaie béante, à vif. Tout un lambeau de moi déchiré pleurait des larmes de sang, et Babaji soutenait que la mort n'existait pas. J'étais persuadée que ses mots m'étaient adressés, mais il semblait indifférent à mon trouble. Il a alors précisé que le corps n'est qu'un habit de passage, une enveloppe dont l'âme se défait, avant de s'envoler puis de reprendre un autre corps. Pourquoi donc tant pleurer un défunt puisque l'âme subsiste ? Par attachement au corps, à la peau, au regard, aux rires, aux élans des êtres aimés. Mais pour les hindous, la voie du bonheur est le détachement des choses matérielles, même du corps. Puisque tout « passe, lasse et casse », comme l'écrivait Apollinaire, il n'y a aucune issue joyeuse possible dans l'attachement à la matière. Évidemment, cet enseignement est d'une logique implacable. Mais si je comprenais très bien cela, mon cœur, lui, se révoltait. J'avais la sensation illusoire que mes larmes me rapprochaient de mon frère. Pire même, je me sentais exister dans cette douleur. Plus intense. Même si je cherchais à m'en libérer, j'y étais attachée, car c'était ma façon d'être en vie. La douleur était une zone de confort, connue donc rassurante. Je découvrais pourtant auprès de Babaji qu'il est possible de trouver en soi une joie durable. Cela n'efface pas les épreuves, mais on les traverse différemment, car au fond de soi brille une lumière que rien n'éteint.

Babaji m'a lancé un bref regard avant d'ajouter que l'âme envolée revenait sur terre avec son bagage karmique. Chacun de nos actes engage notre *karma*[1]. C'est la loi de la vie. Tout ce que nous avons fait dans nos vies passées et notre vie actuelle nous revient en boomerang. Pour lui, chacun de nos actes est comme une pierre lancée dans un fleuve. Selon sa force et sa position, les vagues seront différentes. Le poète disait la même chose :

1. Le « destin », cycle des causes et des conséquences liées à l'existence. Il est la somme de ce qu'un individu a fait, est en train de faire ou fera.

« Qui cueille une fleur, dérange une étoile. » Le dicton le confirmait : « Qui sème le vent récolte la tempête. » Tout ce que nous faisons, même dans le plus grand secret, nous engage, s'imprime dans l'univers qui nous renvoie la pareille. Inconsciemment, nous le savons tous, mais préférons l'oublier. Or, un Sage tel que Babaji nous pousse à vivre en pleine conscience.

Cette histoire de *karma* ne me plaisait pas du tout. Je venais pour me libérer intérieurement et je découvrais que je n'étais absolument pas libre. Non seulement je devais payer mes erreurs passées, mais je devais aussi rester vigilante si je ne voulais pas aggraver mon cas. Comment se sentir libre quand on réalise que chacun de nos actes a un impact sur l'univers ? Il serait donc impossible d'échapper à l'œil invisible du cosmos qui nous suit dans les recoins les plus intimes de notre être ! La liberté dont Babaji parlait était tout autre : connaître les lois de la vie nous libère car cela nous empêche de reproduire sans cesse les mêmes erreurs. Évidemment, je préférais agir sans réfléchir, oser les pires déviations et ne pas souffrir. Impossible. Même une pensée a un impact sur le monde.

Babaji a ajouté : « Mais en réalité, les actes ne comptent pas. » Soulagement. Je me sentais soudain libre de poursuivre les petites médiocrités de ma vie quotidienne sans m'inquiéter de mon *karma*. Babaji a poursuivi : « Seule l'intention compte. Le *karma* dépend donc de l'intention donnée à l'acte. Si nous donnons une baffe par amour pour réveiller un ami, nous ne nous créons pas un mauvais *karma* ; mais si nous faisons le même geste par ego, alors il nous reviendra sous une autre forme. » Il faut donc voir clair en soi pour savoir ce qui motive nos actes.

J'avais installé un tel désordre dans ma vie sentimentale que je ne devais pas m'étonner de souffrir, puisque j'aggravais sans cesse mon *karma*. Je ne cédais aux hommes ni par amour, ni par désir, mais pour me sentir exister. Donc par égoïsme. La beauté d'un instant, et hop, un baiser ! Un mode de vie illusoire et affligeant. Je le savais. Je cherchais dans leurs bras un peu plus d'amour en moi, un peu plus d'amour pour la vie ; s'offrir un peu, mais reprendre aussitôt. Et je restais irrémédiablement seule, persuadée d'être façonnée pour l'amour impossible, sans danger de partage en profondeur. Babaji avait certainement deviné cette dispersion du cœur et du corps, cette perdition de l'âme qui vise un feu qui consume et non un feu qui illumine. Mais cet homme si pur, si parfaitement voué à la lumière me faisait néanmoins la grâce de m'accepter à ses pieds. Un seul désir désormais : me clarifier. Sortir du cercle de feu. Cesser d'alourdir ma vie par des gestes qui blessent, un cœur qui brise.

Comme s'il avait entendu mes pensées, Babaji a lancé : « Il faut aimer. Pour tout ce qu'on entreprend, il faut aimer. » Ces quelques mots, si simples, m'ont ébranlé. J'ai immédiatement repensé à ces vers de Prévert dans son poème *Je suis comme je suis* qui m'accompagne depuis l'adolescence : « Ce qui m'est arrivé/Oui j'ai aimé quelqu'un/Oui quelqu'un m'a aimé/Comme les enfants qui s'aiment/ Simplement savent aimer/Aimer, aimer…/Pourquoi me questionner/Je suis là pour vous plaire/Et n'y puis rien changer. » Des vers qui disent la brisure d'amour puis son impossibilité. La séduction comme seule issue. Plaire pour compenser le manque d'amour. Ces vers m'avaient marquée car ils me ressemblaient.

Babaji a répété : « Pour tout ce qu'on entreprend, il faut aimer. » Même les tâches les plus ingrates, les aimer pour les transformer, les sublimer. Car elles nous préparent au grand amour. Elles nous apprennent à donner en silence, humblement. Je ne savais pas aimer car je rejetais la simplicité de la vie. Je la voulais détonante, onirique, sinon je tombais en désamour. En entendant ses mots, je remettais en cause toute ma façon de concevoir ma vie. Et s'il y avait plus d'absolu dans un baiser quotidien que dans la poursuite effrénée d'un cœur qui bat ?

Les enfants de l'*ashram* sortaient lentement du *Samadhi* dans le crépuscule après avoir hurlé les derniers *kirtans*[1] dans un vacarme de tambour.

1. Chants dévotionnels.

Quelques singes virevoltaient dans les arbres. La chaleur s'était noyée dans la nuit, libérant une odeur de terre ardente, poussiéreuse, assoiffée. Babaji a baissé la voix pour nous faire nous aussi entrer dans ce calme tombé du ciel. Il a alors murmuré : « Pendant mes années de solitude dans l'Himalaya, alors que je mangeais des racines, les oiseaux me nourrissaient. Un jour, un tigre a marché vers moi. Nous nous sommes regardés un moment, puis il est parti en courant. » Et Babaji a éclaté de rire. Un rire entier. Non un rire de gorge, mais un rire du ventre, de la peau, de l'âme, une joie totale, contagieuse, salvatrice. Puis il a poursuivi : « Peut-être que je lui ai fait peur ! » Des années de méditation et de dévotion l'ont rendu si intense qu'il est fort possible que le tigre ait eu peur face à cette puissance inconnue. Son rire a cessé. Il est resté en silence un moment avant de murmurer : « Ici, chaque matin, des oiseaux viennent me visiter sur mon balcon. La nature vient à moi en amie car je lui parle. MA arrêtait parfois une voiture pour en sortir et embrasser un arbre. » Il racontait cela avec un tel naturel que nous avions l'étrange sensation de vivre à côté de la réalité, que l'envol d'un oiseau à notre passage est anormal. Pour MA, la nature est notre guide : « Quand vous travaillez dans le jardin, vous devez servir les arbres et les plantes ; vivez avec eux et essayez de devenir comme eux. Que les arbres soient vos gourous. Un arbre donne des fruits et de l'ombre. Il vous donne son bois que vous utilisez pour cuire vos aliments. L'arbre se donne entièrement. Il ne garde rien pour lui. Observez les arbres, faites-en des amis, et voyez ce qu'ils ont à vous apprendre. Et aussi ce que l'herbe vous apprend. Elle est humble et supporte tout. On marche sur elle, on la coupe, elle ne se défend pas. Il en est de même pour la terre. »

La mort n'existe pas, chacune de nos pensées nous engage, envoie des messages, les oiseaux peuvent nous nourrir, la terre parle, il faut aimer, même dans la banalité. J'avais appris tout cela en quelques heures. Une façon d'appréhender le monde, nouvelle pour moi.

Ce qu'il disait sur la mort me semblait encore opaque, compréhensible mentalement, mais inacceptable. À l'écouter, mes larmes pour mon frère étaient vaines, puisque son âme subsistait. Je restais incapable d'avoir cette hauteur de vision. Pourtant, dans ses yeux, j'avais compris qu'une autre vie était réellement possible. Baudelaire écrivait : « Loin ! Loin ! Ici la boue est faite de nos pleurs ! » Ce lointain-là était ici à Kankhal. L'enseignement de Babaji ouvrait un espace où les larmes ne nous enlisent pas, elles coulent simplement, puis s'évanouissent, libérées par cette injonction : « Va plus haut. »

La simple présence de Babaji était un enseignement. Quand Izou l'avait rencontré, elle passait des heures entières sans parler, juste à le regarder. Elle m'avait raconté cela dans l'avion qui nous menait à Delhi et je trouvais cette histoire un peu abracadabrante. Comment peut-on rester des heures en silence devant un autre être humain ? Face à une montagne, un ciel étoilé, la mer, une rivière, je pouvais le comprendre, mais un homme, non. Et pourtant, cela me semblait désormais tout à fait naturel. Nous devenons ce que nous regardons. Quand un être humain a réalisé pleinement sa dimension divine, s'absorber dans sa contemplation nous éveille. Car il s'adresse à la plus belle part de nous.

Quelques heures auprès de Babaji et toutes mes certitudes étaient ébranlées. Mais, d'une certaine façon, la mort de mon frère et ces mois de silence dans le désert m'avaient préparée à cette rencontre. La douleur, la solitude et l'horizon avaient aboli toutes mes certitudes, terrassé toutes les règles qui m'avaient construite. Mais je m'étais réinventée dans la souffrance…

*

J'allais retrouver Babaji pleine de confiance. Cela faisait quelques jours que j'étais à Kankhal et je me glissais dans cette vie nouvelle sans résistance, décidée à me laisser porter par ces journées qui défilaient lentement, sans activité, seulement rythmées par les apparitions de Babaji. Mais cette attente n'était jamais pesante. Je la nourrissais de fous rires avec Izou, de marches sur les *ghats* et de lecture. Je n'avais enfin plus peur du regard de Babaji sur moi, je ne me demandais plus si j'étais à la hauteur, je me contentais d'être là. Il m'accordait une attention particulière, étant la nièce de sa grande disciple, et je me sentais forte, presque flattée par ce traitement de faveur.

Aux pieds de Babaji défilaient des touristes, des chercheurs sincères, des experts en hindouisme, soucieux de le mettre à l'épreuve ; des religieux de toutes tendances ; des hippies ; des couples en quête de sens. Des gens seuls, paumés, heureux, assoiffés, souvent fascinés par Babaji, parfois dérangés ou indifférents. Tous ne pouvaient pas ou ne voulaient pas voir qui il était.

Les fidèles présents ce soir-là racontaient à Babaji leur voyage en Inde et leur rencontre avec des gourous divers. Je ne les écoutais pas, un peu exaspérée par ce tourisme spirituel, cette façon de lui parler comme s'il était un moine parmi d'autres. Mais lui répondait gentiment, semblait même intéressé. Soudain, sans raison apparente, il m'a regardée et s'est mis à parler de suicide. Toutes les personnes présentes ont raconté des histoires à ce sujet, comme de simples faits divers. Izou m'a lancé un regard sans dire un mot qui calmerait mon supplice. Elle laissait faire, sachant parfaitement que Babaji avait évoqué ce sujet à dessein. Très vite j'ai fondu en larmes en pensant à mon frère. Tandis que je baissais la tête pour masquer mon visage, je sentais ses yeux sur moi. J'espérais, j'attendais une parole consolatrice, apaisante. Il a dit d'une voix forte, presque autoritaire : « Ça, c'est du mental. » Sous le choc, mes larmes ont cessé d'un coup. Je l'ai fixé à mon tour. Je voulais crier que je sentais cette souffrance, son absence, dans mon ventre, ma peau, mon pied, mon visage, rien à voir avec du mental. Il devait deviner ma révolte car il me regardait désormais tendrement en souriant. Il semblait persuadé que je savais moi aussi que ma peine n'était que du mental, une formation de l'esprit puisque la mort n'existe pas. Mais non, je ne savais pas du tout. J'étais en colère contre lui, incapable de saisir comment il pouvait ne pas sentir la réalité de cette douleur. Il a ajouté plus doucement : « Blanche, quatre-vingt-dix pour cent de la souffrance n'est que du mental. On aime gratter les croûtes pour entretenir les cicatrices. » J'ai essuyé mon visage et il m'a dit : « Vous avez les yeux encore plus brillants quand vous pleurez. » Je lui ai répondu que j'allais désormais pleurer pour séduire les hommes. Il a souri. Et je me suis vraiment sentie idiote de dire une phrase pareille à un si grand ascète.

Je me répétais « quatre-vingt-dix pour cent de la souffrance n'est que du mental ». Loin de s'arrêter à ma douleur, il me forçait à aller plus haut. Son absence de complaisance me montrait la voie. J'avais pourtant la sensation que souffrir pour mon frère était une manière de le garder en vie. Ne plus le pleurer, c'était le laisser s'éloigner dans son destin d'âme. De plus, la blessure de ce deuil me définissait désormais. Pouvais-je m'autoriser à sécher mes larmes et à sourire à la vie après ce qu'il avait fait ? Avant de rencontrer Babaji, j'avais senti à plusieurs reprises l'âme vivante de mon frère. Pourtant je m'acharnais à ne pas accepter sa nouvelle présence. Alors, oui, Babaji avait raison, je grattais les croûtes. Mais je n'étais pas encore prête à renoncer à cette douleur.

Le lendemain matin, encore remuée par les heures que j'avais passées la veille avec Babaji, j'ai projeté de partir quelques jours à Rishikesh, grande ville du bord du Gange, blottie au pied de l'Himalaya, à une heure et demie de Kankhal. Mes bonnes résolutions de vie paisible et immobile s'étaient dissoutes dans la nuit. Un besoin irrésistible de fuir, de ne plus réfléchir et de voir battre le cœur de l'Inde. Et tant pis si ces joies-là sont illusoires, passagères et vaines.

J'avais fait part de cette décision à Izou qui en avait parlé à Babaji en privé. Il préférait que je reste à Kankhal. J'étais en rage. Je me sentais enfermée. Personne ne m'avait jamais retenue. En réalité, Babaji ne m'empêchait pas de m'éloigner, il me le déconseillait. Mais je me sentais incapable d'aller à l'encontre de son avis. Désormais j'avais besoin de la bénédiction du Sage et cela me révoltait. Je trépignais, aux prises avec cette horrible sensation que je ne décidais de rien. Mais le message était clair : ne pas fuir. Pour une fois.

Izou semblait persuadée que j'allais désormais lier ma vie à MA et Babaji. Je n'en étais pas si sûre. Je n'avais jamais cherché un Maître, seulement une rencontre puissante avant de reprendre la route. En disant cela, je réalisais moi-même ma stupidité. Mon manque absolu de cohérence. Depuis l'enfance, j'aspirais de toute mon âme à une joie plus haute, elle était là à portée de main, mais elle nécessitait un tel effort que je préférais prendre la poudre d'escampette. Babaji avait raison de dire que nous aspirons tous au bonheur sans nous en donner les moyens.

J'ai claqué la porte en quittant la chambre d'Izou quand elle m'a « déconseillé » d'aller à Rishikesh. Je m'inclinais en fulminant. Tellement plus facile d'avaler des kilomètres, de se dissoudre dans des rencontres que d'attendre l'heure du Sage, d'obéir, pleurer à ses pieds et oser ce face-à-face avec l'être.

MA disait : « Si vous connaissez le véritable Art de vivre, l'art de vous remettre à la grâce de Dieu, vous apprendrez à trouver la joie même au milieu de toutes les adversités, car vous saurez que plaisirs et tristesses, comme la nuit et le jour, se succèdent naturellement dans la grande ordonnance de l'univers. »

Incapable de partir, j'ai décidé de m'évader. Je suis donc allée sur les *ghats* pour méditer. Un doux soleil illuminait le Gange déchaîné, emporté par ce courant fou qui le mène vers d'autres prières, dans d'autres villes. J'ai trouvé un endroit paisible, une petite plate-forme de béton près d'un arbre et d'un *shiva lingam*, phallus de Shiva, symbole créateur de la vie, que l'on trouve en abondance sur les rives. Couvert de pétales et de guirlandes, il flottait autour de lui une odeur d'encens, vestige d'une prière matinale. De l'autre côté de la rive, des arbustes enchevêtrés me donnaient l'illusion d'être au seuil d'une jungle improbable. Un goût d'ailleurs qui me convenait. Pourquoi cette manie de se rêver toujours ailleurs ? Même en Inde, dans ce village perdu aux confins de l'Himalaya, j'aspirais à un autre paysage…

J'ai posé sur le sol un châle de coton, j'ai ouvert au hasard un livre de MA pour cueillir une phrase et j'ai lu : « Où que vous soyez, c'est là qu'il faut commencer le voyage. » Une fois de plus, ses mots me répondaient parfaitement. Commencer le voyage… Je me suis assise en position du lotus et j'ai murmuré en boucle : « OM… » J'aimais cette vibration originelle, alors je l'ai choisie même si Babaji conseillait de répéter une prière dont notre inconscient était baigné, le « Je vous salue Marie », par exemple. Mais j'étais en colère contre ma religion.

Je ne pouvais répéter un autre *mantra*, car les *mantras* doivent être donnés en secret d'un Maître à un disciple. Seul le Maître sait quels sont les mots qui correspondent le mieux à son disciple. Ces sons magiques épousent et portent l'âme afin de la plonger ensuite dans le grand silence. Mais avant de parvenir à ce stade, le *mantra* est un support pour calmer le mental et le baigner de vibrations sacrées.

Je fermais les yeux pour ne pas voir le regard intrigué des Indiens face à cette Occidentale assise en lotus. Ils devaient me prendre pour une illuminée et rire de ma position bancale. Il aurait évidemment été préférable que je reste dans ma chambre, mais je suis incapable d'être enfermée quand le soleil tonne.

Un flot continu de pensées tournait en rond dans ma tête : combien de jours encore à tenir dans ce petit village sans bouger ? Suis-je à la bonne place ? Bizarre que mon téléphone ne reçoive pas d'appel. Je ne songeais même pas à Babaji ni à son regard, ni à son enseignement, mais à des futilités parfaitement stériles. N'ai-je que des amas de phrases sans intérêt dans la tête lorsque je cherche à l'écouter ? Ne suis-je que cela ? Selon les recommandations d'Izou, j'observais ce déchaînement du mental, sidérée de découvrir son jeu. Des vagues en surface dans lesquelles je me noyais. Comment vivre en paix dans ce foutoir intérieur ?

Malgré cela, je me sentais très paisible et cela m'inquiétait. Je craignais de perdre mon feu. Erreur. Babaji l'avait souvent répété : la méditation attise le feu intérieur sans ravage, dompte le mental, développe la concentration, nous ouvre à l'infini de soi, à notre dimension divine. Face à lui, j'ai découvert que la paix pouvait être foudroyante. À plusieurs reprises, il avait répété que la méditation rendait plus intense et dirigeait notre feu dans la bonne direction. Parfait. Mais laquelle ? Dieu ? Je n'y croyais plus. Pourtant, j'étais fascinée par ce pays où les vibrations religieuses sont constantes. Ici, tout est Dieu. Pas besoin de croire. Il suffit de voir.

Je suis rentrée à la *guest house* pour partager avec Izou mon exploit. Je lui ai fait part de ma tristesse d'avoir été obnubilée par mes problèmes de téléphone alors que j'aurais dû me fondre dans la conscience divine. Elle m'a répondu : « Tu comprends pourquoi Babaji ne cesse de répéter que la maîtrise du mental est la seule voie pour trouver un peu de paix... » J'étais fière d'être parvenue à rester quarante minutes immobile face à ma jungle imaginaire mais un peu atterrée par mon incapacité à stopper la pauvreté de mes pensées. Izou a souri : « Blanche, calmer son mental est l'œuvre d'une vie, mais par fulgurances, tu te sentiras unie à cette lumière en toi. Elle te montrera le chemin et tu ne pourras plus te passer de la méditation. » J'en doutais sérieusement. Ce face-à-face avec soi-même me heurtait. Je l'avais déjà connu dans le désert. Lorsque j'avais marché avec une caravane de sel au Mali pendant un mois et demi, j'avais découvert la futilité de mes pensées. C'était la première fois que je me taisais aussi longtemps. J'étais donc condamnée à observer le jeu du mental. Spontanément, j'avais eu le réflexe d'emplir ma tête de beauté pour calmer mes pensées. J'apprenais un poème de Baudelaire par jour et le répétais pendant des heures. Quand j'avais raconté cette histoire à Izou, elle m'avait répondu : « Tu es prête pour la méditation. » Je ne voyais pas le rapport. Désormais, je comprenais : prendre conscience du jeu du mental et s'en détacher en se laissant absorber par des mots qui élèvent. Dans le désert, des poèmes ; ici, des *mantras*.

Après le petit déjeuner, Izou m'a emmenée dans Kankhal pour me montrer le taudis où elle vivait quand elle venait retrouver Babaji avec son mari et ses deux filles. Elle partait avec une valise pleine de bonbons afin d'injecter un peu de douceur dans l'austérité qui leur était imposée. Ses filles ont grandi auprès de Babaji et de son ami cher, Swarupananda, vice-président de l'*ashram*. Swarupananda était issu d'une grande famille hindoue. Après avoir rencontré MA, il avait renoncé à tout pour la suivre. Dès le premier jour à ses côtés, elle lui avait donné l'habit orange des moines, fait exceptionnel. Il avait tellement de pouvoirs que MA lui avait demandé de renoncer à son *mantra* sacré afin de freiner cette prolifération de miracles. Lui aussi était un *Rishi*, un maître de l'humanité. Mais à la différence de Babaji, il ne vivait pas à l'écart, il portait la vie de l'*ashram* sur ses épaules. C'était donc lui qui avait installé la famille de ma tante dans cette maison, située en face du *Samadhi* de MA, dans la rue des mendiants. Une ruelle sale, près des égouts où les mendiants se tiennent jour et nuit dans l'attente d'un geste d'aumône. Toute petite, cette maison auréolée d'odeurs nauséabondes, sans confort, rudimentaire, a accueilli pendant des années les rires, les doutes, les disputes et l'émerveillement de mes cousines. Jamais je n'aurais imaginé qu'elles vivaient dans cet autre monde, façonnées par les regards de Babaji qui enseignait en silence et par la voix de Swarupananda qui leur racontait des histoires. Les étés où j'allais au club Mickey, elles se prosternaient aux pieds de *Rishis*…

Alors que je restais stupéfaite devant cette maison délabrée, sous scellés, ma tante s'est exclamée : « Quand tu me voyais à Paris petite fille, tu ne pouvais pas imaginer que je vivais là ! Et pourtant, quand on rentrait, les taxis refusaient de nous prendre tellement nous étions imprégnés de cette puanteur. » J'étais prête à parier que, même dans ce taudis, elle devait rester élégante, impeccablement coiffée. Dans les pires situations, elle tenait à être belle. Sa politesse envers la vie. Les touristes que je croisais à Kankhal étaient souvent débraillés, vêtus de vêtements larges bariolés pour se fondre soi-disant dans la culture locale. Spontanément, j'aurais eu tendance à les imiter, mais Izou me suggérait de faire un effort. Pas de laisser-aller. Au début, je trouvais cette préoccupation superficielle, mais j'ai fini par comprendre que cette exigence avait un sens profond le jour où Babaji a dit en riant : « L'habit fait le moine. » Plus tard, il a ajouté : « Dieu réside dans les détails. » Alors bien sûr, tout ce que nous montrons de nous nous révèle, envoie des signaux inconscients. Être mal fagoté quand on a les moyens de ne pas l'être ne montre pas un détachement des choses matérielles, mais un laisser-aller, voire un manque d'amour pour soi-même et les autres. Tous les moines de l'*ashram*, hommes ou femmes, étaient toujours impeccables, dignes. Ils avaient renoncé à tout, alors ils portaient beau. En Inde, tout compte. Les couleurs de nos vêtements, la façon dont nous nous tenons, les aliments que nous absorbons. Car chacun de nos gestes a une résonance dans la mer-veilleuse ordonnance de l'univers. Les *brahmanes*, la caste des prêtres, le vivent à chaque instant.

Pushparaj, *brahmane* traditionnel qui prenait soin de Babaji et venait souvent nous visiter, devait se laver et se changer si nous le touchions. Confié à l'*ashram* de MA dès son plus jeune âge par ses parents népalais, il avait grandi dans la stricte tradition, façonné par la prière. Nos vibrations si éloignées des siennes pouvaient le faire dévier. La première fois que je l'avais rencontré, Izou m'avait déconseillé de le toucher. Je restais donc figée face à lui, craignant un geste maladroit, une accolade spontanée. Gestes que je n'aurais pas faits en temps normal, mais il suffit qu'une chose soit interdite pour qu'on ne pense qu'à elle. Ce qui chez les *brahmanes* est poussé à l'extrême est vrai pour nous aussi. Babaji nous a expliqué que nos vibrations se transmettaient par le toucher et le regard. C'est pour cette raison que les fidèles sont avides d'un contact du Sage, impatients d'effleurer ses pieds ou de recevoir un habit qu'il a porté. Car, dans ce contact ou dans ces objets, les vibrations pures du Sage sont transmises. Ce qui en Occident nous semble délirant est en réalité d'une logique absolue. Tout ce que nous touchons ou recevons s'imprime en nous. Inconsciemment, nous le savons, mais n'osons le reconnaître. Pourtant, après avoir quitté une personne, nous sentons bien si nous sommes en pleine forme, ou épuisés, vidés. Nous avons l'impression de passer un bon moment, mais dans cette lassitude nouvelle, nous devinons que cette personne nous a transmis des vibrations négatives. Ce que notre tête refuse de percevoir, notre corps le sait.

En quittant la rue des mendiants, je rêvais d'être capable d'injecter un peu de lumière dans chacune de mes rencontres, de ne plus envoyer des ondes de souffrance, mais d'offrir, même dans la douleur, une joie possible. Évidemment, au milieu des vaches sacrées et des guirlandes de fleurs, cette nouvelle résolution me paraissait très simple. Il suffisait de le décider et d'agir. J'étais bien naïve. Six ans plus tard, je ne suis toujours pas sûre d'y parvenir. Peu importe. Je sais ce que je vise.

Izou s'apprêtait à partir. J'allais rester ici, enfermée dans ce village face aux montagnes de l'Himalaya, si tentantes promesses d'ailleurs. J'avais décidé de prendre la route le jour du départ de ma tante, mais cela ne semblait toujours pas du goût de Babaji.

Ce soir-là, alors qu'il regagnait sa chambre, il m'a pris la main pour que je l'aide à marcher. Il s'est arrêté, s'est tourné vers moi et a lancé : « Vous n'avez pas peur de rester ici sans votre tante ? Pas peur du tigre ? » Il avait en effet la puissance du tigre puisque les fauves s'enfuient face à lui. Il ne riait pas en disant cela. Digne, je lui ai répondu que je n'avais pas peur. Je mentais. Mais dans ma famille on n'avoue jamais ses hésitations, on fonce. De quoi aurais-je peur ? De ses regards et ses mots qui me bouleversent, remettent en cause toutes mes fondations ? De l'immobilité ? Alors que je le regardais s'éloigner doucement, appuyé au bras de Pushparaj, je me sentais totalement dépassée. Il ne désirait pas que je prenne la route, alors, sagement, je m'inclinais, résolue à me fondre dans ce monde étranger, mais aussi étrangement familier. Mon âme semblait revenir à la source. En moi, je sentais que tout était juste. Même si je ne comprenais rien.

Je réalisais l'importance de rencontrer un Maître dans un chemin spirituel, quelle que soit la tradition. La nécessité absolue de s'en remettre à plus haut que soi, pour aller plus loin que nos propres désirs. Dans les monastères, la règle d'obéissance sert à dépasser nos inclinations, nos systématismes, afin d'explorer d'autres possibles ; s'échapper d'une façon d'être qui nous enlise à notre insu. Je découvrais également la puissance de l'humilité. *Humus* en latin signifie : « terre ». L'humilité, c'est donc revenir à la terre. Entrer dans le courant des lois de l'univers. Avoir la force de reconnaître que nos certitudes et désirs ne sont pas tout-puissants, que nous ignorons souvent ce qui est bon pour nous. Babaji soutenait que, chez les grands Sages, l'humilité est telle que beaucoup de gens les ignorent. Leur seul but est de s'effacer pour se mettre au service du divin. Être au service… Pour la première fois, je trouvais ce terme merveilleux car j'avais découvert auprès de Babaji et d'Izou la joie profonde qui surgissait d'une vie de service. MA incarnait ces mots qu'elle répétait souvent : « Quel que soit le travail qui occupe votre journée, essayez de l'accomplir dans un esprit de service. Servez-Le dans chaque forme, considérez chacun et chaque chose comme des manifestations de Dieu et servez-Le, Lui seul, par le travail que vous entreprenez, quel qu'il soit. Si vous vivez avec cette attitude intérieure, le chemin de la Réalité s'ouvrira tout grand à vous. »

Babaji nous prévenait souvent des risques de mener une vie spirituelle sans guide. Sur ce chemin, souvent le pouvoir qui sommeille en nous se réveille. Alors, loin de s'effacer, l'ego du fidèle se gonfle, brisant ainsi tout progrès vers la lumière. J'ai maintes fois rencontré des personnes persuadées de détenir la connaissance. Elles nous imposent alors un petit air supérieur, plein de compassion pour notre ignorance. Lorsque MA donnait un conseil à un disciple et qu'il rechignait à le suivre, elle répondait : « Alors fais ce que tu penses. » De même Babaji ne donnait aucun ordre, il montrait une voie, différente pour chacun. Il n'imposait rien, il suggérait. Mais Izou m'avait prévenue que chacun de ses mots avait un sens profond. Chaque jour, elle me répétait : « Sois bien à l'écoute, apprends à écouter. » Lorsque Babaji disait : « Il serait peut-être préférable », il montrait le meilleur chemin à suivre pour nous. Chemin qui allait souvent à l'encontre de nos désirs, mais qui ouvrait d'autres possibles et nous empêchait de nous cogner à un mur. C'est pour cette raison que je lui obéissais et rangeais mon guide au fond de ma valise. Car je voulais avoir l'humilité de me remettre entre ses mains, d'explorer un bonheur façonné non par mes désirs mais par la voix du Sage.

Après le dîner végétarien que nous prenions chaque soir dans le hall de la *guest house*, Izou m'a glissé ces mots : « Babaji m'a dit que ta vie allait changer. » Elle a souri d'un air enchanté puis s'est éloignée, me laissant là, sur le pas de la porte de ma chambre, à la fois réjouie et apeurée. Tant mieux si tout allait changer. Je n'en pouvais plus de cette errance. Mais changer vers où, pour quoi ? Qu'allais-je devenir ?

*

Alors que nous attendions Babaji assis sur des nattes face au *Samadhi* de MA, nous l'avons vu arriver assis dans sa chaise, portée par Pushparaj et son neveu Narayan. Izou s'est levée d'un bond pour lui demander ce qui se passait. Il lui a répondu que tout allait très bien. Pourtant -Pushparaj nous a expliqué que dans l'après-midi, son corps s'était soudain bloqué, sans raison apparente, et qu'il était dans l'incapacité de marcher.

Izou a dit qu'il subissait sûrement le mal d'un proche. Elle a ajouté que les grands Sages prennent sur eux les maladies des gens pour les soulager, les libérer. Ils peuvent décider de garder le mal ou de l'enlever. Mais le Sage guérit de toute façon quand il le désire, ou plutôt quand Dieu le désire à travers lui.

Babaji parlait tout bas, épuisé. Du haut de ses quatre-vingt-treize ans, il n'aurait jamais renoncé à ce rendez-vous quotidien avec les fidèles. Son devoir était de répondre aux questions des hommes et des femmes venus à sa rencontre, il s'y pliait même si son corps souffrait. J'étais terrassée de le voir ainsi à bout de souffle. Je n'osais lui parler pour ne pas le fatiguer davantage. Alors je le regardais en silence. Il semblait se hisser au-delà de sa souffrance. Ses yeux gardaient la même intensité, détachés de son corps. Pas une plainte.

Très vite, Izou a demandé à Pushparaj de le ramener dans sa chambre afin qu'il se repose. Les grands Sages se soucient peu de vivre ou mourir. Seuls l'amour et l'attention vigilante des disciples les maintiennent sur terre. MA était un jour tombée dans une rivière. Elle allait se noyer, mais ne songeait pas à sortir la tête de l'eau pour reprendre son souffle. Un de ses disciples était intervenu à temps pour la sauver. Elle avait montré ainsi qu'elle était sur terre pour eux et non pour elle. Même incarnée, elle vivait déjà dans un au-delà, alors peu lui importait son corps. Il n'était sur terre que par amour, et seul l'amour le maintenait vivant.

Alors que Babaji s'éloignait, porté par Pushparaj et Narayan, il ne cessait de me répéter : « Ils me disent malade, mais je ne le suis pas. J'ai l'air d'être malade ? » J'étais sincère quand je lui répondais : « Non, pas du tout, seulement un peu fatigué. » La vivacité de son regard contrastait tellement avec son corps éreinté que je découvrais ce que signifiait « être détaché du corps ». L'âme qui brille quand la douleur insiste. Je songeais alors à ces martyrs qui chantent des louanges à Dieu sous la torture. Ce ne sont pas des légendes mais une réalité. Il est vraiment possible de se hisser au-delà de la douleur, de s'unir à une autre réalité, invisible.

La veille, comme si Babaji savait ce qui allait lui arriver, il nous avait raconté cette histoire qu'il semblait beaucoup aimer. Rabbi Akiva avait été capturé par les Romains et condamné à mort sous la torture. On plantait des peignes de fer dans son corps en public. Pendant le supplice, ses disciples s'indignaient : « Comment peux-tu être si rayonnant alors que tu as donné ta vie à Dieu ? N'es-tu pas en colère contre Lui ? » Le Rabbi répondit : « Aujourd'hui est le plus beau jour de ma vie. Je savais que j'aimais Dieu de tout mon cœur, maintenant, je sais que je l'aime de tout mon être. »

En rentrant à la *guest house*, nous avons appris qu'un ami proche d'Izou, que Babaji connaissait bien, était tombé violemment sur un sol en marbre. Il était immobilisé. Izou m'a avoué que Babaji, constamment relié aux vibrations de ceux qu'il protégeait, avait pris sur lui le mal de cet ami afin qu'il ne se blesse pas trop grièvement. Je suis restée un peu sceptique devant cette histoire. Mais Izou a appelé Babaji pour lui raconter ce qui était arrivé à cet ami. Elle lui a annoncé qu'il n'y avait rien de grave et lui a demandé d'aller mieux. En raccrochant, elle m'a expliqué que les grands Sages n'ont plus de *karma,* c'est pour cette raison qu'ils prennent parfois sur eux la souffrance des autres. Même si le corps souffre, ils sont étrangers à la douleur, car ce n'est pas la leur. Ils portent celle d'un autre sur leur corps. Je n'étais pas sûre de bien comprendre. Ce langage était trop nouveau pour moi, improbable.

Moins d'une heure après l'appel d'Izou, Pushparaj est venu nous annoncer que Babaji avait parfaitement retrouvé l'usage de son corps et qu'il était en pleine forme. Était-ce pour cette raison qu'il avait insisté sur le fait qu'il n'était pas malade ? Avait-il seulement pris momentanément un habit de douleur pour soulager un ami lointain ? Rassuré sur son état, il pouvait s'en défaire. Était-ce vraiment possible ? Izou ne pouvait mentir, ayant parfaitement conscience que chaque mensonge la détournait de sa voie. MA disait qu'une personne qui ne mentait jamais purifiait tellement son langage que ses mots finissaient par avoir un pouvoir.

Comment croire qu'un être humain puisse porter en lui le mal d'un autre pour le libérer ? La guérison subite de Babaji le prouvait. Mais je résistais, incapable d'accepter une telle magie. Comment se faisait-il que jamais personne ne m'ait montré ces autres possibles sous-jacents à notre réalité ? Izou tentait de me faire voir que la magie n'était pas seulement dans les contes de fées, mais qu'elle était naturelle. Elle ne cessait de me répéter que la vie auprès de Babaji était un conte de fées. Ce soir-là, je commençais à la croire. Et je repensais à cette phrase du Baal Shem Tov, grand maître hassidique : « Hélas ! Le monde est tout entier plein de mystères grandioses et de lumières formidables que l'homme se cache à lui-même avec sa petite main. »

*

Nous étions déjà assis depuis quelques instants aux pieds de Babaji quand je lui ai dit : « Pour un grand Sage tel que vous… » Je ne me souviens plus du reste de ma phrase car la réaction de Babaji a été immédiate. Très sérieusement il a répliqué : « Mais je ne suis pas un grand Sage, je suis une personne tout à fait ordinaire ! » Nous sommes tous restés saisis par ces mots. Il a ajouté : « Une personne ordinaire est une personne au plus proche de sa nature, simple. » Nous nous compliquons énormément la vie, enlisés dans nos états d'âme et nos paradoxes. Quand j'évoquais à Babaji mes hésitations amoureuses, mes craintes professionnelles, mes doutes, il m'écoutait avec attention, mais je sentais bien dans son regard qu'il estimait que tout cela n'était pas si grave. Des vagues en surface. Alors je m'embourbais dans mes explications, trouvant moi-même que cette préoccupation prétendument fondamentale avait peu d'importance. Je lisais en lui toujours ce même message : soyez simple. Alors je lui ai demandé : « Comment fait-on pour être simple ? » Il m'a répondu : « Le but de la vie est d'avoir conscience que nous sommes la conséquence de Dieu. » Donc notre but est de revenir à la source. Lorsque l'on comprend cela, ce qui nous éloigne de ce chemin perd de sa force. Quand on sait ce qu'on vise, tout se simplifie en nous.

Je ne parvenais pas à me convaincre que j'étais la conséquence de Dieu. Pourtant, que serions-nous d'autre ? Nous sommes forcément le fruit d'une puissance créatrice. Babaji voyait bien que j'étais plongée dans des réflexions insurmontables, alors il a mis la main sous mon menton et a murmuré : « Soyez simple, Blanche. Quel que soit le chemin que vous empruntez, il faut rester souple, danser ! » Le message était clair. Ce n'était pas avec ma tête que je devais comprendre, car de tels sujets dépassent l'entendement, mais avec mon cœur. Je réalisais les limites de cet intellectualisme qui nous éloigne de nous-même tout en nous rassurant. À écouter Babaji, il s'agissait d'intuition, d'écoute, de bon sens et surtout d'amour. À mes réflexions sans fin, il répondait par la danse ; à mes doutes, par la simplicité ; à ma raideur, par la souplesse ; et à mes errances, par l'exigence. Il a ajouté : « La vie est une danse au-dessus de la lame d'une épée. » Puis il a pris ma main et m'a regardée dans les yeux. Je faisais un effort pour soutenir son regard. Je me répétais « sois simple », et cela compliquait tout. Car, dans un tel partage, il ne s'agissait plus de penser, mais de s'abandonner. Cet amour n'était pas d'ici.

Plus tard, j'allais découvrir ces mots de MA qui évoquaient parfaitement ce que je vivais auprès de Babaji : « Quand l'abandon total survient, on sent continuellement que Dieu agit à travers vous comme au travers d'un instrument. Le corps et l'esprit deviennent pareils à un morceau d'étoffe emporté par le vent. Cette étoffe ne se déplace pas de sa propre volonté, c'est le vent qui l'emporte. »

Le lendemain, ayant saisi les limites de l'intelligence, je n'ai pas hésité à révéler mon ignorance. Je me suis tournée vers une femme d'une cinquantaine d'années que je voyais souvent aux pieds de Babaji. Elle semblait à la fois perdue, très seule, mais aussi très fière de ses connaissances qu'elle nous assénait régulièrement pour commenter des phrases de Babaji. Comme si chaque mot du Sage n'était pas une fin en soi et que, pour mieux comprendre, nous avions besoin de ses lumières. Babaji ne réagissait pas, il laissait faire. Sans ego, il ne pouvait être blessé par son indélicatesse. J'ignore pourquoi j'ai questionné cette fille avec laquelle je n'avais aucun contact, et non Babaji ou Izou. Je lui ai demandé ce que signifiait le mot *Vedānta*.

Izou m'avait avoué quelques jours auparavant que Babaji suivait la voie du *Vedānta* et qu'il se plaçait au-delà des religions. Une voie universelle qui englobait toutes les croyances. Mais elle n'en avait pas dit davantage, estimant peut-être que je devais passer plus de temps en Inde pour saisir le sens du *Vedānta*. La fille m'a toisé d'un air à la fois méprisant et bienveillant, comme si elle me plaignait énormément d'être aussi inculte. Puis elle m'a répondu :

– C'est la métaphysique de la connaissance pure.

– Ah, c'est donc ça !

Je n'avais rien compris. Heureusement, Babaji est arrivé, appuyé au bras de Pushparaj. Izou et moi nous sommes précipitées vers lui pour l'aider à marcher, avoir la joie de ce contact, de l'entendre murmurer « *Jay Mâ* » en joignant les mains. Cela signifie : « Victoire à Mâ. » À l'*ashram*, on dit « *Jay Mâ* » en guise de bonjour et d'au revoir. De cette façon, chaque rencontre est protégée par MA.

Une fois assise aux pieds de Babaji, j'ai osé renouveler ma question devant tous les fidèles, persuadée qu'ils allaient eux aussi soupirer devant mon ignorance. Il a laissé passer un silence. Puis ses mots ont coulé, simples, limpides. Tous les fidèles étaient tendus vers lui, subjugués qu'une voie à l'abord difficile paraisse si évidente. Il est d'ailleurs reconnu que les grands êtres nous donnent toujours l'illusion d'être aussi intelligents qu'eux. Si on se sent médiocre en face de quelqu'un, c'est que cette personne l'est tout autant. MA disait en effet : « Si des pensées de supériorité se manifestent dans votre esprit, vous êtes tirée vers le bas. »

Babaji nous a expliqué que MA préconisait la voie du *Vedānta* qui est celle de l'Inde ancienne suivie par les *Rishis*, fidèles aux *Vedas*, premiers textes sacrés datant du XVᵉ siècle avant Jésus-Christ. En réalité, elle se situait au-delà de toutes les voies, de toute croyance, de toutes religions. Elle disait : « Que vous aimiez le Christ, Krichna, Kali ou Allah, vous adorez en fait la lumière unique qui est aussi en vous car elle imprègne tout. Tout émane de la lumière. » Puis elle ajoutait : « Trouver *Bhagavan* [Dieu], c'est trouver son propre Soi, et découvrir son propre Soi, c'est trouver Dieu. » Dieu est en nous, et l'œuvre d'une vie est de s'unir à notre conscience divine. Le *Vedānta* affirme donc l'unité du monde et de l'être. Une pensée non dualiste qui soutient que Dieu n'est pas en dehors de nous.

Un voyageur de passage à Kankhal m'avait raconté que, dans un temple non loin de Delhi, l'idole que les fidèles devaient prier était un miroir. Cela poussait le fidèle à voir en lui la lumière qu'il était venu chercher. Babaji a conclu par ces mots : « L'Absolu est comme une pierre qui occupe tout l'espace ; il y a un cristal de cette pierre dans notre cœur : il est indestructible, impérissable, immortel ; il est félicité (*ananda*) ; nous devons nous attacher à cet *ananda*. » Personne n'a songé à briser le silence qui a suivi. Nous répétions ses mots mentalement pour les imprimer en nous. Face à nos visages concentrés, voire sérieux, Babaji a ri et a ajouté : « Ici, on prône le gai savoir. » Là où il n'y a pas de joie, il n'y a pas de vérité. Même au cœur de la grande douleur, elle veille et nous rappelle à la vie. MA était la joie incarnée. C'est pour cette raison que son grand disciple Bhaiji l'avait appelée Ma Anandamayi : la Mère de la joie. Cet enseignement était totalement nouveau pour moi, extraordinaire, car je découvrais qu'un grand éclat de rire valait une prière.

Ce soir-là, une très jolie jeune femme au regard brillant d'intelligence était venue se prosterner face à lui. Toutes les fées semblaient s'être penchées sur son berceau. Je savais qu'elle avait un grand poste à Delhi. Elle était spirituelle, joyeuse, belle. D'autant plus énervante qu'elle semblait très sympathique. Je fus donc surprise de la voir faire *pranam*[1] aux pieds de Babaji avec tant de ferveur désespérée. Je n'ose avouer que j'étais presque rassurée : malgré toutes ses qualités évidentes, elle aussi pouvait se sentir perdue. Je m'en voulus d'une telle pensée. Non seulement parce que Babaji m'avait conseillé de ne jamais envoyer de vibrations négatives, car elles nous reviennent en boomerang ; mais aussi parce que cette jeune femme avait tout pour elle. Elle savait sa chance et cela devait augmenter sa tristesse. Si elle ne parvenait à trouver la joie avec autant de dons et d'atouts, comment faisaient ceux qui

1. Prosternation devant les pieds du Sage.

poussaient leurs premiers cris dans la boue ? Je m'efforçais cependant avec difficulté de ne plus juger, fidèle à l'enseignement de MA : « Ne critiquez pas les autres car cela rétrécit votre vision, avilit votre âme et ajoute au fardeau du péché qui pèse sur le monde. Cherchez toujours à voir le bon côté des choses. »

Je ne tardais pas à comprendre le sujet de la douleur de cette jeune femme. Elle hésitait à tout quitter pour se vouer à sa foi. Elle ne supportait plus de vivre dans le monde, incompatible avec sa soif d'absolu. Elle demandait l'avis de Babaji. Dans le silence qui a suivi, nous avons tous entendu les pensées secrètes de la jeune femme, son désir intense d'avoir la bénédiction du Sage pour changer de vie. Enfin Babaji s'est exclamé : « Il est préférable que vous gardiez votre travail. » Elle a pâli mais n'a pas cillé, en attente d'une explication. Alors Babaji a ajouté qu'il y avait trois voies de réalisation : intellectuelle, émotionnelle et professionnelle. On peut en effet se réaliser par le travail selon notre attitude mentale. Ne pas travailler avec son ego, mais en ayant conscience d'être l'instrument du divin. Alors l'ego diminue et le travail en est transfiguré. Car on ne cherche pas le résultat mais la révélation du divin à travers nous. Il a insisté sur le fait qu'il était beaucoup plus facile de se sentir connecté avec le divin en nous, seul dans sa grotte, que dans un bureau, assailli par toutes les médiocrités et les tensions inhérentes à cette existence. Il a poursuivi : «Travaillez pour Dieu sans attendre de résultat. Il faudra donc essayer de faire votre travail sans désirer aucun fruit, aucune récompense, simplement pour la joie de faire un travail aussi parfait que possible. Au début, cela paraît difficile et aride, mais on s'aperçoit qu'on se met ainsi en harmonie avec le courant divin cosmique. »

Comment avoir assez de foi pour travailler sans poursuivre la réussite ? Même dans la méditation, on cherche le moment où l'on n'aura plus rien à chercher. La jeune femme a répliqué que son travail tournerait au fiasco si elle n'aspirait à aucun résultat. Babaji a souri : «Le fleuve du courant divin coulera à travers vous sans effort et rendra toute action parfaite. Cela demande une grande vigilance, car il faut savoir distinguer entre le grand courant et les remous de l'ego. Réussir cela donne une grande joie et une profonde paix intérieure. » MA l'avait souvent répété : «Le travail fait sans égoïsme est soutenu par les forces divines. » Si on offre notre action à Dieu, les résultats tomberont d'eux-mêmes. Et s'ils ne comblent pas nos attentes, ils nous surprendront par d'autres voies. Enfin Babaji a conclu : «C'est le *karma yoga*, le yoga de l'action : fais ce que dois, advienne que pourra. »

Beaucoup de personnes suivent un chemin spirituel sans le savoir ou sans vouloir l'admettre. Pourtant leur vie est un don. Ils seraient religieux au fond de leur cœur, dans leur attitude, à leur insu. Ils font du bien à l'humanité, sans chercher de reconnaissance, juste pour apporter leur pierre à l'édifice de leur existence ; et tant pis si elle reste inconnue, tant pis si elle est rongée par le temps. Ils auront donné un peu d'éclat et de souffle à leur vie.

Babaji nous a raconté que MA voyageait sans cesse, s'occupait de la bonne tenue des *ashrams*, répondait aux fidèles, préparait les repas, ne laissant aucun détail au hasard. Il a ajouté : « Oui, une activité intense, et au milieu de cette activité, le calme éternel. »

Le matin même, je m'étais rendue sur les *ghats* pour méditer et j'avais senti beaucoup de paix, de la joie même, ce qui était très nouveau. En rentrant, je flottais, répétant de belles paroles douces et aimantes pour l'univers. Soudain un chauffard a manqué de m'écraser, après avoir fait un écart brusque vers moi. Je l'ai insulté avec une violence qui m'a surprise. Je me prenais pour un yogi, et quelques minutes plus tard j'étais devenue une furie hurlante au beau milieu de la rue. J'ai alors compris qu'une vie spirituelle qui ne résonnait pas dans chaque instant de notre vie n'avait aucun sens.

*

Alors qu'elle s'apprêtait à rentrer en France le lendemain, Izou a lancé au petit déjeuner que nous allions surprendre Babaji. En hommage à ses racines juives, elle désirait que nous lui chantions tous ensemble « Yeroushalaim », cet hymne fameux que des milliers de Juifs ont entonné à la fin de la guerre des Six-Jours. Elle a réuni quelques personnes qui venaient régulièrement au *darshan*[1] de Babaji. Nous ne parlions pas un mot d'hébreu, ne connaissions pas les paroles mais devions être prêts le soir même. Nous avons donc passé la journée à répéter. Les heures filaient et nous chantions toujours aussi faux, écorchant les mots, incapables de nous rejoindre sur la même tonalité. De plus en plus inquiète, Izou répétait qu'il faudrait qu'un Juif soit parmi nous pour nous donner le ton. Elle semblait certaine qu'il allait y avoir un miracle qui transcenderait cette cacophonie.

L'heure du *darshan* était enfin arrivée. Dans un ultime espoir de sauver la situation, nous répétions encore dans la cour. Soudain, un homme qui sortait du *Samadhi* de MA vint vers nous, les larmes aux yeux. Face à son émotion évidente, nous nous sommes tus. Il nous a raconté qu'il avait été parachutiste dans l'armée israélienne pendant la guerre des Six-Jours et qu'il avait chanté « Yeroushalaim » le jour de la libération du mur des Lamentations à Jérusalem. Nous nous sommes tournés vers Izou,

1. Littéralement « vision ». Lorsqu'on a la grâce de voir un grand Sage, on reçoit son *darshan*.

subjugués. Son désir avait été réalisé au-delà de ses espérances. Cet envoyé du ciel n'était pas seulement israélien, il portait cet hymne dans son cœur, son histoire. Que pouvait ressentir cet homme qui entendait cette chanson essentielle pour lui et sa tradition dans un village perdu au fin fond de l'Inde ? Izou s'est exclamée : « Restez avec nous, c'est vous qui allez donner le ton. »

Babaji est enfin arrivé. Comme chaque soir, Pushparaj lui a retiré ses chaussures pour libérer ses pieds qu'il posait délicatement sur un coussin. Puis nous nous sommes mis à chanter, guidés par cet inconnu qui portait nos voix. Babaji nous écoutait en silence, très ému. Impossible d'imaginer ce que ces paroles réveillaient en lui tandis que la mélodie de ses racines se mêlait aux *kirtans* hurlés par les enfants de l'*ashram* au sein du *Samadhi* de MA.

Plus tard, nous avons raconté à Babaji l'histoire incroyable de cet inconnu venu sauver notre chant. Il a souri, s'est tourné vers l'homme et lui a dit : « Vous avez donc été parachuté ! » Je criais au miracle, mais Babaji a répliqué que le miracle était naturel. MA répétait souvent : « Le surnaturel n'est pas différent du reste. » Elle ajoutait : « Sur le plan subconscient de l'esprit, il y a tant de trésors cachés que personne n'a jamais vus ! Plongez sans réserve dans ces profondeurs mystérieuses qui sont en vous et essayez de découvrir ces vérités cachées. » Izou était tellement intense et sincère dans son désir de sauver ce chant symbolique du désastre que l'univers l'a entendue. Il ne s'agissait pas tant de miracle que de révélation d'une autre face de la réalité, invisible et pourtant palpable.

En écho à notre bonne humeur, Babaji nous a expliqué que lorsqu'on ressentait de la joie face à quelqu'un, il était en réalité le miroir de cette joie toujours présente en nous. Cette personne met donc en lumière par fulgurance notre vraie nature : la joie. MA n'a cessé de le clamer toute sa vie : « *Ananda*, la Joie, est l'impulsion centrale de la nature humaine ; l'agitation, l'inconstance, le doute ne sont que des aspects passagers. L'âme cherche la Joie partout comme un enfant. Mais les joies fragmentaires, que donne le contact avec les petits objets des sens, ne peuvent pas nous satisfaire longtemps. »

Pour appuyer son propos, Babaji a repris cette image qu'il affectionnait : les vagues sur la mer symbolisent l'impermanence de la vie, seule la mer en elle-même dans sa profondeur est calme. Le mouvement des vagues est imprégné de divin. Mais son support est permanent. Ainsi, notre but est d'aller chercher en soi l'élément stable. Notre but est de réaliser que nous sommes le bonheur suprême. Je ne l'avais pas du tout remarqué… Pour moi, la vie était un chemin de souffrance dont on cherchait coûte que coûte à sortir, sans véritablement s'en donner les moyens, par flemme, par contagion ou manque de foi. Mais surtout, j'ignorais que la base de notre vie pouvait être la joie. Et si c'était vrai ? Je tendais mon visage vers Babaji qui me fixait comme s'il tentait d'imprimer en moi ses derniers mots : « Le bonheur est la nature fondamentale de l'homme. C'est une stupidité de se concentrer sur une nature prétendument pécheresse, car ce qu'on pense, on le devient. »

Ce soir-là, Babaji était resté parmi nous plus longtemps que d'habitude car Izou et Gonzague partaient le lendemain. Les fidèles s'étaient peu à peu éloignés et nous savourions cette rare intimité alors que la nuit s'installait doucement. Une cloche a sonné, donnant le signal des quinze minutes de silence rituel dans l'*ashram*. Nous sommes restés immobiles, tournés vers Babaji. Je découvrais un autre échange, subtil, profond, bienfaisant. Le silence, les yeux dans les yeux, est le vrai langage, celui de l'être, sans support, sans dérivatif, intact. J'observais Izou, fascinée par l'intensité de son regard quand elle fixait Babaji. Chaque jour, j'étais émue par cet échange d'amour sublime, spirituel, au-delà du sens commun. Je découvrais l'Amour : un don total, sans ego, sans faille. Une transcendance commune. Babaji disait souvent que les vrais disciples étaient très rares car dès qu'ils acquéraient un peu de pouvoir, ils se prenaient pour des Sages. Or les Sages de MA ne se présentaient jamais comme des Maîtres. Ils avaient atteint la réalisation, ils étaient des *Rishis*, mais ils restaient des disciples, parfaitement humbles. Très souvent, les disciples rejetaient leur maître et tombaient dans la haine, car, disait Izou : « On détruit ce qu'on ne peut aimer. » Elle ajoutait : « Quelle perte de temps, quelle perte de joie alors qu'il suffit simplement de s'effacer et d'aimer… »

La cloche a de nouveau sonné, les quinze minutes étaient écoulées, mais nous sommes restés en silence. Pushparaj est venu chercher Babaji et je me suis mise à l'écart pour laisser Babaji et Izou seuls, main dans la main. Il lui parlait tout bas, elle l'écoutait à genoux.

*

Ma tante et Gonzague venaient de partir. J'avais la sensation d'être une gamine abandonnée, plantée là, sur le seuil de la *guest house*. Après le départ d'une personne aimée, l'absence me colle à la peau. Un court laps de temps où je dois appréhender autrement les heures à venir. Comme si un partenaire nous laissait soudain danser seul au milieu de la piste. Un moment de déséquilibre avant de s'élancer dans cette liberté nouvelle, sans support. J'allais désormais passer mes journées en silence à attendre l'heure de Babaji. Fini les discussions interminables sur le lien millénaire des maîtres et des disciples. Fini les rires et les élans imprévisibles d'Izou. Fini mes débats enflammés avec Gonzague qui me mettaient parfois hors de moi alors qu'il restait parfaitement tranquille.

Pour ne pas songer aux journées immobiles qui m'attendaient, je suis allée marcher sur les *ghats* à l'heure ardente. L'heure où l'on tire les rideaux. L'heure nonchalante où le soleil nous cloue au sol. Les quelques passants que je croisais marchaient lentement, sans une goutte de sueur, comme s'ils fusionnaient avec la ferveur du soleil. Je rêvais aux journées que je venais de vivre, encore très troublée par l'enseignement de Babaji : pas de dogmes car chaque voie est particulière pour atteindre le divin en soi. Voir la vie à travers le prisme du divin élève chaque instant de notre existence. On médite pour s'unir à l'univers. On cherche le silence du mental, ennemi du mystère, pour trouver la lumière. Si les grands Sages sont des êtres réalisés, c'est parce qu'ils ont poussé à l'extrême leur faculté humaine. C'est pour cette raison que Babaji se disait ordinaire : il était l'homme dans sa perfection, à la fois naturel et surnaturel. J'étais fascinée par cette nouvelle façon d'être au monde entièrement tournée vers la Joie. Je m'étonnais qu'en trente ans de vie personne ne m'ait montré ce chemin. À moins que je n'aie pas su le voir.

J'avais trouvé auprès de Babaji une forme à ma quête : une croyance au-delà des religions. L'omni-présence d'un mystère que l'on peut faire surgir par un travail sur soi, un amour intérieur qui nous pousse à voir plus loin, plus haut. Un projet magnifique. Dans ce petit village au bord du Gange baigné de prières, il semblait possible.

Kankhal était sale et pauvre. Pas d'art, pas de nature, juste un peu de beauté au bord du fleuve, et le sublime dans le *Samadhi*. Je ne visitais rien d'autre. Et pourtant, je ressentais de plus en plus de joie à vivre ici. Trop facile d'être heureux dans un cadre superbe. Ce village abritait le corps de MA. De là venait sa beauté.

En revenant des *ghats*, je me suis dirigée vers le *Samadhi*. J'ai passé un long moment à fixer le visage de MA. Il semblait réellement vivant. J'avais l'étrange sensation qu'elle me comprenait. J'ai repensé aux mots de Babaji sur le silence du mental. Il soutenait que lorsqu'on tait le mental, si l'on pose une question et que l'on écoute ce qui vient de l'intérieur, on entend la voix de l'essentiel. MA encourageait aussi cette paix fondamentale : « Le remède à toutes les maladies est de calmer le mental. Alors, tout sera en harmonie physiquement et psychologiquement. »

Lamentable, ridicule. Je n'ai cessé de pleurer ce soir-là auprès de Babaji. Devant tout le monde. Rien à faire. Les larmes coulaient malgré moi sans raison apparente. Une explosion soudaine. J'étais épuisée par ces histoires de miracle, puissance, corps subtil, de Foi, de Dieu, de joie. Babaji me recommandait de prier, mais je ne savais plus prier. J'ignorais même si je croyais en Dieu. Ils parlaient de ferveur, mais comment avoir de la ferveur pour ce en quoi on ne croit pas ? Mais n'y croyais-je vraiment pas ? Je ne savais plus. J'étais lasse de chercher à comprendre l'incompréhensible depuis deux semaines. Cette dévotion et ce don total de soi à un homme aussi puissant me troublaient. Comment pouvait-on mettre son destin, sa vie, son cœur entre les mains de quelqu'un ? Babaji était un homme au sommet de sa lumière, un canal du divin. Alors, en face de lui, je perdais tous mes repères. Pourquoi ressentir un tel amour devant lui, une telle joie à m'incliner, une telle émotion à le regarder simplement ? Jamais je n'aurais cru en être capable. J'avais fait huit ans de philosophie, reçu une éducation catholique sérieuse, j'avais tourné le dos à Dieu, et désormais je voyais Dieu partout et remettais mon âme entre les mains d'un homme vêtu d'une robe orange dans un village perdu au bord du Gange. Ses yeux me fascinaient, sa présence me bouleversait, mais cet univers me semblait soudain à la fois formidable et vertigineux, trop loin de moi.

Le lendemain, d'énormes nuages noyaient le village dans une torpeur difficile à surmonter. J'avais tenté de mettre un peu de lumière dans cette journée engluée, mais tout semblait vain. J'essayais de lire, marcher, écrire, boire du thé, dormir, mais rien ne me retenait. Le ciel semblait avoir la migraine.

En arrivant auprès de Babaji, je me suis exclamée : « Je n'aime pas ce temps, c'est lourd, oppressant, je veux que ça pète. » Il a souri et a mis sa main sur ma tête. Il semblait vouloir dire : « C'est en vous que vous voulez que ça explose. » Une heure plus tard, je ne cessais de pleurer mon frère. Une douleur si intense qu'elle me semblait insurmontable. Je balbutiais « mon frère, mon frère ». Babaji ne faisait aucun geste, ni ne prononçait aucun mot pour m'apaiser. Et je restais là, dans mon coin, reniflant comme un enfant tandis que les fidèles posaient des questions. J'avais l'étrange sensation que Babaji avait déclenché cette explosion, qu'elle était nécessaire. Pour cette raison, il me laissait à mes larmes. Dès que je me calmais enfin, honteuse de me donner ainsi en spectacle et d'imposer cela à Babaji, je m'effondrais de nouveau.

Je pensais retrouver mes esprits en quittant Babaji, mais mes larmes m'ont poursuivie dans ma chambre, dans ma douche, dans mon lit. Je finissais presque par rire de tant pleurer.

Au moment de me coucher, l'orage a éclaté. Des éclairs ont scindé le ciel, des grondements ont fait trembler les murs tandis que la pluie diluvienne accablait les toits de tôle. J'ai pleuré toute la nuit avec l'orage. Je devinais que mes larmes ne venaient pas seulement du manque de mon frère. Une douleur plus profonde encore se révélait pour être transformée. Comme si j'avais souffert toute ma vie sans le savoir. La solitude, l'errance, les humiliations, la peur, la déception, l'incapacité à aimer, tout remontait à la surface et se fondait dans l'orage.

Le lendemain matin, j'étais épuisée mais j'avais la sensation d'avoir été lavée par cette crise. Enfin calmée, je me suis réfugiée dans le *Samadhi* de MA. Dès que je me suis assise face à sa photo, j'ai fondu en larmes de plus belle. Une Indienne d'une quarantaine d'années, vêtue de blanc, s'est approchée de moi. Elle ressemblait étrangement à MA. Elle avait la rondeur des femmes bien portantes tout en gardant un visage fin, bienfaisant. Ses cheveux longs tombaient en cascade sur ses épaules, lui donnant un air de jeune fille. Je ne comprenais pas très bien tout ce qu'elle me disait, mais elle semblait me vouloir du bien, et cela me suffisait. Soudain, elle s'est mise elle aussi à pleurer. Pour l'encourager dans cette voie, je lui ai parlé de mon frère. Entre deux hoquets, elle m'a conseillé de croire au divin en moi. En l'âme éternelle. Selon elle, c'était mon ego qui pleurait mon frère. Mais elle a évoqué son frère mort et ses larmes ont redoublé. Alors que penser de son discours ? Des paroles justes et belles qui ne s'ancrent pas encore dans le cœur. Plus elle répétait « *Be happy* », plus nous sanglotions. Quand j'ai voulu la consoler, mes larmes ont subitement cessé. La magie avait enfin opéré. C'est la dernière fois que je me suis effondrée à cause de mon frère.

Le soir même, j'ai raconté à Babaji cette rencontre avec l'inconnue dans le *Samadhi*. Il m'a répondu que, un jour, une mère qui avait perdu son enfant était venue en larmes devant MA. Alors que cette femme évoquait sa douleur, MA a pleuré si fort que la mère s'est immédiatement calmée pour l'apaiser. En réalité, MA prenait sur elle la souffrance de cette femme brisée pour la lui arracher. L'inconnue du *Samadhi* avait donc peut-être été une envoyée de MA. Je ne l'ai jamais revue.

En rentrant dans ma chambre, je suis tombée sur ces mots de Nietzsche : « Nous avons découvert le bonheur, nous connaissons le chemin, nous avons trouvé l'issue de ces milliers d'années de labyrinthe. » L'issue, je venais de la trouver dans le regard d'un Sage.

Je m'apprêtais à vivre mes dernières heures auprès de Babaji. Je marchais dans la rue vers le *Samadhi*, admirant chaque détail pour les imprimer en moi. La vendeuse de guirlandes de fleurs à l'entrée de l'*ashram* ; les singes qui dansaient dans les arbres ; les vaches qui faisaient exprès de se mettre au milieu de la route pour affirmer leur sacralité ; les femmes aériennes dans leur sari multicolore, et les hommes en habits occidentaux, pressés, comme si leur tenue leur avait donné nos mauvaises habitudes.

Nous étions peu nombreux aux pieds de Babaji. J'avais souhaité cette intimité qui m'intimidait pour savourer ces derniers moments auprès de lui. J'avais pensé à une quantité de questions, soudain oubliées. Le message était clair. Ne rien préparer. Juste se laisser surprendre par ce qui surgit dans l'instant. Il a posé sa main sur mon menton et m'a dit : « Alors vous partez demain ? » Oui. Partir me semblait absolument ridicule. Pourquoi quitter la lumière quand on l'a enfin trouvée ? Pour l'incarner et la faire rayonner. Babaji nous donnait les clés pour vivre dans le monde, non pour nous en écarter. Il devinait ma tristesse de le quitter, ma peur que tout redevienne comme avant. En pire, car désormais je vivais en conscience. Je connaissais la voie à suivre. Mais parviendrais-je à l'emprunter de retour à Paris ? Il avait certainement deviné que j'avais une vie affective un peu dissolue car il m'a lancé au détour d'une discussion :

– Un jour, spontanément, vous n'aurez plus de désir d'homme.

– Oui, mais à quatre-vingts ans.

– Non, avant.

J'ai essayé de négocier :

– Soixante-dix ans alors ?

– Avant.

Je me suis figée, peu enthousiasmée par cette perspective. Il a alors raconté que lorsqu'il avait rencontré MA, il avait trente-six ans. L'âge auquel il a renoncé aux plaisirs du monde avant de s'isoler dans la montagne. Je me suis exclamée : « C'est vraiment tôt trente-six ans. » Il a souri. Et dans son sourire, j'entendais : laissez faire, tout surgit spontanément au moment juste. Comme le fruit tombe de l'arbre.

Il a ajouté que la sensualité n'a aucune place dans le *Vedânta*, elle doit être dépassée. L'énergie sexuelle est alors transfigurée, tournée vers le divin. J'étais soudain très inquiète. Si ma vie devait changer, allais-je devenir chaste ?

Pour Babaji, le désir est une poussée primordiale. Lorsqu'on sait la mettre dans la bonne direction, on peut acquérir beaucoup de pouvoir. Il a insisté : « L'extase sexuelle n'est qu'un faible aperçu de ce que l'on ressent dans la réalisation quand on est traversé par l'énergie divine. » Enfin, il a conclu : « Une grande histoire d'amour peut être un projet divin. Une émulation à deux qui peut nous élever. » Il me montrait le chemin à emprunter : chercher l'union et non l'aventure. Vibrer en profondeur et non dans la quête incessante de nouveauté. Viser l'amour et non la séduction. Grandir ensemble.

Pushparaj est venu le chercher, je l'ai accompagné jusqu'au seuil de la porte menant aux chambres des moines. Il a joint ses mains, a dit :

– Bon courage, Blanche. *Jay Mâ*.

Et je l'ai regardé s'éloigner lentement, courbé, mais puissant sur ses jambes frêles. Enfin, il a disparu et j'ai murmuré : « Merci. »

REVENIR

Je suis rentrée à Paris à la fois forte et ébranlée. Je devais rebattre toutes les cartes de ma vie et craignais de mettre mes bonnes résolutions à l'épreuve. J'avais rencontré le regard qui sauve. Aurais-je assez de foi et de courage pour suivre le chemin que Babaji venait de me montrer ? Il ne suffit pas de connaître la voie pour l'emprunter… Je restais en effet trop attachée à mon mode de vie, même s'il ne m'apportait aucune joie durable. A quoi sommes-nous prêts à renoncer pour la lumière ? Ma situation me rappelait le *Cantique des oiseaux* du poète soufi Attâr. Dans ce texte, les oiseaux savent que suivre la Huppe, leur guide, c'est trouver le salut, mais ils ne cessent de se chercher de bonnes excuses pour ne pas entreprendre le voyage, découvrant ainsi leur attachement à ce qui les entrave. En lisant ce texte d'Attâr, l'enseignement de Babaji est devenu lumineux : nous aimons nos chaînes. Nos fondations douloureuses priment sur notre désir de bonheur. Nous préférons souffrir par peur de l'inconnu. Dans le *Cantique des oiseaux*, la Huppe encourage ses compères à se libérer de leurs attaches et voler enfin, vraiment. Peu osent ce grand saut vers la lumière. Je n'osais pas non plus : je voulais tout et renoncer à rien. Pourtant, Attâr nous montre la voie : « Brûle l'âme et alors fais voler l'oiseau âme/Pour que l'esprit de Dieu dans la joie te revienne. »

Je continuais à m'enfermer dans des histoires d'amour sans amour et marchais sur des sables mouvants. Pourquoi nous enliser dans des situations qui n'apportent aucune paix ? Pourquoi nous faire tant de mal ? Manque d'amour en soi, pour soi. Alors, parfois, j'avais ce désir horrible et vain de me faire plus mal encore puisque tout fout le camp. Pourtant MA nous avait bien prévenus : « Ce que vous recevez dépend de votre attitude. »

Je bataillais pour trouver de nouveaux projets professionnels et me remémorais les mots de Babaji : on ne peut forcer un événement, à moins d'un désir intense. Les choses viennent naturellement. Seul le désir intense crée les événements quand les conditions sont favorables. Il faudrait donc se connecter avec le véritable désir. Mais je découvrais qu'il était très difficile de se concentrer entièrement sur un désir. Toujours, l'esprit vagabonde.

Deux mois après mon retour, Izou repartait vers Babaji. Les médecins lui interdisaient de prendre l'avion. Elle s'envolait quand même. Rien, même pas son corps souffrant ne pouvait la tenir éloignée de son Maître qu'elle aimait au-delà d'elle-même. Elle, au moins, était animée par un vrai désir, sans aucun doute, total. Je rêvais de repartir avec elle, mais l'heure n'avait pas sonné pour moi. Je devais faire face, avancer, évoluer, avant de revenir à la source.

Le poète et dramaturge René de Obaldia a expliqué à un ami, dans une voiture, qu'à quatre-vingt-dix ans, il avait compté avoir dormi vingt ans. Arrivés à destination, un jeune homme d'une vingtaine d'années est venu lui ouvrir la porte et Obaldia a dit : « Voici mon sommeil. » À trente ans, je venais de réaliser que j'étais en sommeil depuis vingt ans. Sortie de l'enfance, je n'avais pas ouvert les yeux sur la vraie vie, celle où la lumière est possible malgré tout. Une vie qui va plus haut que soi. Je m'étais enfin réveillée. De mauvaise humeur. J'avais donc affiché une citation de MA dans mon bureau afin de ne pas perdre mon but de vue. Je la lisais chaque jour, convaincue que s'y trouvait la vérité, consciente que j'en restais très éloignée. Mais ces mots me portaient : « C'est la joie qui est à l'origine de l'univers, et c'est pourquoi les choses éphémères du monde procurent une joie passagère. Sans la joie, la vie est un supplice. Vous devez donc découvrir cette Joie pure qui a engendré le monde et qui est l'essence même de votre être. Et cela se produit quand les fluctuations du mental s'arrêtent. »

Babaji nous encourageait à dire à MA : « Réalisez ma prière si c'est bon pour moi. » Cela signifiait que nous ne savions pas ce qui est bon pour nous. Comment imaginer que les épreuves nous sont bénéfiques ? Elles le sont, si nous savons être des alchimistes ; voir ce qui se révèle dans ces douleurs qui nous terrassent, la métamorphose qu'elles appellent. Dans la brisure inévitable, la lumière trouve une issue.

Avoir un travail, aimer enfin, j'étais certaine que cela m'irait parfaitement ! Pourtant, ce vide était nécessaire, éveilleur, initiatique. Si j'ignorais pourquoi je traversais ce désert, l'univers, lui, le savait. Il avait ses raisons et me forçait à découvrir une autre dimension de vie, à chercher plus haut, plus loin. Je relisais ce passage de MA pour tenter de m'apaiser, calmer mon impatience, puisque je ne maîtrisais rien : « Étudiez les événements de votre propre vie et vous verrez que le libre arbitre ne peut pas accomplir grand-chose ; des forces invisibles jouent un rôle considérable dans ce qui détermine notre action. »

Je pensais naïvement qu'à mon retour d'Inde, après avoir eu un contact si fort avec un Sage immense, tout s'arrangerait. J'écrirais des best-sellers, mes projets de reportage se réaliseraient, je tomberais amoureuse d'un homme qui m'aimerait. Rien de tout cela. C'était pire maintenant. Car j'avais découvert une lumière que je ne parvenais pas à atteindre. Je la voyais, je la sentais, mais elle m'échappait. J'espérais un miracle qui ne laisserait plus de prise au doute et m'aiderait à avoir la foi. Pour l'instant, tout ce que j'avais réussi, c'était au prix d'un combat acharné. En dehors de ma rencontre avec Babaji. Celle-ci s'était réalisée spontanément. N'était-ce pas déjà un miracle ? Pourquoi cela ne me suffisait pas ? Babaji m'avait pourtant prévenue : « Plus on s'élève spirituellement et plus les chutes sont profondes. Mais elles sont des étapes. Rien n'est jamais linéaire. On fait des efforts, puis on a besoin d'un moment pour assimiler. Le plus important est la sincérité. »

J'en voulais à Babaji de ne pas m'avoir donné la grâce d'être plus forte. Il me montrait la voie et me laissait seule, incapable de l'emprunter. J'avais toujours été convaincue que rien de ce qui dépendait de moi ne me résisterait. Je découvrais que maîtriser mon mental, taire ma plainte et sourire quand même m'était impossible. Je m'enfonçais dans ces états d'âme, oubliant ces mots de MA : « Cessez de vous poser des questions. Apprenez à ouvrir les yeux. »

Enfin, en novembre, je partis à Kankhal avec Izou et Gonzague pour retrouver Babaji. Ce fut un immense soulagement après ces mois d'errance. Mais quels bouleversements m'attendaient encore dans son regard ? Je pensais que j'avais déjà compris beaucoup de choses, que le choc serait moins brutal. Évidemment, je me trompais.

LA SOURCE

Vaches, moines, singes, voitures déchaînées, motos, fleurs, détritus, *Samadhi* de MA vibrant sous le chant des *Kirtans*, et enfin Babaji, penché vers les fidèles dans la nuit. Je me suis prosternée à ses pieds. Il m'a demandé si j'avais fait bon voyage. Oui, mais peu importait, j'étais face à lui, cela seul comptait. Cette fois, je n'attendais rien, ne posais aucune question, je le regardais et respirais la nuit. Je me laissais emporter par ce moment tant attendu, encore surprise de ressentir un amour si évident face à cet homme. J'avais la sensation de n'être jamais partie.

Dans un moment de silence, il s'est tourné vers moi et m'a regardée étrangement, alors j'ai ri, troublée. Soudain, je me suis mise à trembler si fort que j'étais au bord du vertige. Je venais d'arriver et j'allais déjà me donner en spectacle, m'effondrer sans raison à ses pieds. Puis les tremblements se sont arrêtés et j'ai flotté, les larmes aux yeux. Pas de tristesse, pas de douleur, juste un abandon sans extase. Un regard de lui m'avait mise dans cet état sans précédent. Enfin, je suis revenue à moi, flottante, ailleurs, légère, sans pensée. Babaji discutait tranquillement avec Izou. Avait-il perçu ce que je venais de vivre ? L'avait-il provoqué ? Je n'osais lui en parler de peur qu'il me prenne pour une illuminée. À plusieurs reprises, il avait insisté sur le fait que nous devions être équilibrés et avoir les pieds sur terre. Pourtant, une heure seulement auprès de lui, et j'avais décollé.

Il venait de me faire vivre une expérience insolite, mais ne semblait pas y attacher d'importance. Je cherchais dans son regard un signe, une explication. Rien. Juste ses mains dans les miennes, sa bienveillance. Enfin, la vie ne faisait plus mal.

Ce que j'avais ressenti me semblait irréel. Je décidai de ne plus y penser. Arriver auprès d'un Sage, c'est faire le grand saut vers l'inconnu, exploser tous nos repères. Ne surtout pas chercher à comprendre. Juste vivre. Sans réfléchir. Lorsque Izou me tenait ce langage, je me rétractais : « J'ai fait huit ans de philosophie, je passe mes journées en silence devant un ordinateur, comment veux-tu que j'arrête de réfléchir ? » Elle souriait et me répondait : « Lâche prise, Blanche, entre dans le courant. » Je ne comprenais pas ce qu'elle voulait dire. Elle insistait : « Laisse-toi traverser au lieu de mettre du mental dans tout ce que tu fais. Sois à l'écoute. Tu es beaucoup plus que tu ne le penses. » Un danseur étoile de l'Opéra de Paris m'avait raconté qu'il avait passé des mois à faire des recherches sur un rôle, à répéter d'arrache-pied. Puis, le jour de la représentation, il avait cherché à tout oublier. Juste se laisser traverser. Il avait façonné son corps pour être un canal. C'est ainsi qu'il est devenu une étoile. MA aussi m'encourageait à oublier ma tête : « Les pensées rident notre esprit tout comme le vent ride la surface de l'eau. Essayez de chasser les pensées et d'arriver à la sérénité en rendant votre esprit aussi vide que possible. » Puis elle ajoutait : « Il faut que vos paroles et vos pensées soient nettes de toute souillure d'égoïsme, et vous ne devez plus attacher autant de valeur à votre intelligence et à votre faculté de raisonnement. »

Je retrouvais les mêmes rituels quotidiens que lors de mon voyage précédent. Réveil matinal, méditation au bord du Gange, petit déjeuner, discussions avec Izou et Gonzague, lecture. Seule une activité nouvelle et singulière s'était glissée dans ces journées paisibles : le massage à quatre mains. Je longeais un bras du fleuve pour entrer dans une rue de terre vibrante de poussière et de vie où se trouvait un salon de massage ayurvédique sinistre, dans lequel je passais des moments étranges. Une vieille femme et une jeune fille me massaient de concert tandis que j'étais allongée sur une serviette crasseuse. Je sentais sur ma peau leurs mains calleuses et j'imaginais leur vie de labeur. J'avais honte d'être allongée là, couverte d'huile, tandis que de toutes leurs forces elles malaxaient mon corps épargné par la fatigue réelle : les enfants, une maison à tenir, l'argent à faire entrer, le mari à épauler. Peut-être au moins n'avaient-elles pas le temps de penser… Elles discutaient en hindi tandis qu'elles me pétrissaient. J'avais la sensation d'être une pâte à tarte qu'on prépare en pensant à autre chose. Pas de musique douce, mais leurs voix de femmes et le vrombissement de la rue. Pas de lumière tamisée, mais les néons blafards qui éclairaient des murs bleu délavé. Parfois, je parvenais à m'abandonner à leurs gestes immuables, me souciant peu du plaisir qu'elles prenaient ou pas à me masser. Pourtant, petite fille, j'avais décidé que je devais apporter un peu de joie à chaque personne que je rencontrais. Était-ce une façon de m'excuser d'exister parce que mon père aurait préféré avoir un garçon ? Ou déjà la conscience aiguë que nous n'étions sur terre que pour donner un peu d'éclat ? Auprès des masseuses, j'ai vite renoncé à mes sourires, au désir de leur plaire. Elles pensaient à autre chose alors que je leur abandonnais mon corps. Tant pis. Je me contentais de prendre ce qu'elles pouvaient me donner : leurs gestes qui délassent, imprimés en elles depuis des générations. À chaque séance, je me répétais ces mots de MA pour me détacher de leur babillage incessant : « En quoi cela vous concerne de voir ce que font les autres ? Améliorez-vous. »

À l'issue du massage, elles me faisaient entrer dans une boîte. Seule ma tête dépassait. Un bain de vapeur pour planer. Mais il virait souvent au supplice. Parfois il était brûlant, parfois elles l'arrêtaient trop vite puis semblaient m'oublier. Je n'osais appeler de peur de les déranger. Je sortais de ces séances flottante, huileuse, persuadée que je serais beaucoup plus apaisée et réceptive face à Babaji. J'y retournais presque tous les jours, non seulement pour meubler mes journées, mais aussi parce que j'avais malgré tout la sensation d'approcher un peu de l'âme de l'Inde auprès de ces femmes rugueuses, bavardes et courageuses. Elles n'avaient jamais quitté leur village, soudées à leur terre, leur destin, et n'avaient certainement jamais reçu ces gestes doux et forts qu'elles offraient jour après jour, sans passion, pour vivre.

Un jour, j'étais arrivée en nage auprès de Babaji. Les masseuses m'avaient oubliée dans ma boîte à vapeur et je n'avais pas eu le temps de prendre de douche avant de le retrouver. J'avais couru vers lui, honteuse de me présenter les cheveux couverts d'huile. Je me préparais en effet à cette heure essentielle comme à un rendez-vous d'amour par respect pour le don qu'il nous faisait de sa présence. Il n'avait pas besoin d'aller à la rencontre des hommes qui passent. Il le faisait par Amour. Immense ascète, il pouvait agir sur le monde à distance. Mais il descendait chaque jour de sa chambre, imposant un peu plus de douleur à son corps, car MA lui avait donné la mission de transmettre son enseignement aux Occidentaux. J'étais sidérée de recevoir autant d'un homme qui ne demandait rien, qui se contentait d'être là pour nous aider, nous apaiser, nous éveiller. De par le monde, de nombreuses personnes qui ont atteint des niveaux de conscience plus élevés daignent enseigner ou guérir moyennant des sommes considérables. J'avais toujours trouvé cela suspect. Comment une parole ou un geste d'amour peuvent-ils valoir cent dollars ? MA interdisait à ses fidèles de demander de l'argent pour la construction ou l'entretien de ses *ashrams*. Quand la situation devenait préoccupante, un dévot s'aventurait parfois à appeler des disciples pour recevoir une aide. Elle l'apprenait toujours et se mettait dans une colère terrible. Pourquoi manquaient-ils à ce point de confiance ? On ne demande pas au nom de Dieu. Évidemment, au dernier moment, l'argent nécessaire arrivait toujours spontanément…

Elle répétait sans cesse ces mots qui sont la seule clé pour avancer dans son chemin : « Acquérir une volonté ferme et une patience extrême. »

Alors que j'arrivais tout huileuse auprès de Babaji, il m'a lancé : « Qu'avez-vous fait à vos cheveux ? » J'ai rougi, surprise qu'il me regarde avec une telle attention. Un étranger lui avait demandé un jour pourquoi nous ressentions tant d'amour face à lui. Il avait répondu : « Quand je parle avec quelqu'un, je suis complètement concentré sur lui. J'observe ses réactions, ses gestes, ce qui lui plaît et ce qui lui déplaît. Mais, en général, les gens, quand ils parlent avec les autres, sont concentrés sur eux-mêmes. » Je réalisai que j'avais peut-être fait une erreur de me montrer à lui dans cet état. Oui, chaque détail compte, et être négligée face à lui, c'était le négliger. Je lui ai expliqué que je rentrais d'une séance de massage, ce qui a amplifié ma honte. Il m'écoutait très sérieusement, sans sourire, et j'étais au supplice. Le message était clair. Je n'étais pas là pour me divertir, mais pour grandir…

Le lendemain, Babaji me fit une révélation que je peine encore à comprendre et qui ne cesse de m'obséder. Nous parlions du roman que j'étais en train d'écrire sur l'Inde. Je lui évoquais la quête de Lylia, mon personnage principal. Alors il me dit de sa voix douce, si simple :

– Elle peut aller chercher Melchisédech.

– Pardon ?

– Oui, Melchisédech. Un passage très court parle de lui dans l'Ancien Testament. Il est le seul à être présenté sans généalogie car il est immortel. Il était le roi de Salem, roi de justice et de paix. Jérusalem est sa ville. Il a donné l'initiation à Abraham qui s'est agenouillé à ses pieds et lui a donné la dîme de tous ses biens. C'est un fait exceptionnel, car le grand patriarche s'est incliné devant un homme aux origines inconnues. Il est dit que Melchisédech est sans commencement ni fin. Vous pouvez chercher Melchisédech.

Babaji me demandait très sérieusement de chercher un personnage biblique immortel. Je lui parlais de mon roman, mais lui me parlait de moi, car pour lui, tout ce que l'on donne au monde doit être la plus belle part de soi. Il insistait sur le fait que Melchisédech pouvait prendre toutes les formes puisque son âme, sa puissance originelle étaient parmi nous. Il est au-delà des religions, une figure de la tradition primordiale. Ses mots prononcés par une autre personne que Babaji m'auraient fait sourire. Je les aurais balayés d'un ricanement un peu moqueur. Mais il voyait plus loin que nous. Un autre monde vit là sous nos yeux, impalpable pour le non-initié, mais réel. Ce qui se passe autour de nous, invisible, dépasse l'entendement. Dans cet autre monde que j'ignorais, chercher Melchisédech était donc parfaitement normal.

Izou ne l'avait jamais entendu parler de Melchisédech. Pourquoi me donnait-il cette mission ? Comment moi, avec mon âme en bandoulière, pouvais-je être digne de chercher un personnage biblique aussi fondateur et mystérieux ? Babaji venait de me faire entrer de plain-pied dans le monde des mystères. Et pourquoi en effet n'y aurait-il pas une autre réalité que la mienne ? MA n'avait-elle pas dit : « Les choses deviennent telles que l'homme les voit » ?

En quittant Babaji ce soir-là, Izou, Gonzague et moi ne cessions de parler de Melchisédech, passionnés par cette nouvelle quête. Pour eux, la réalité de cette âme initiatique qui peut se montrer aux hommes sous toutes les formes depuis des siècles ne faisait aucun doute. J'étais émerveillée par leur capacité à vivre avec tant de naturel et de bon sens dans ce monde enchanté que Babaji nous dévoilait. Il répétait que la vie était un vrai conte de fées. Je commençais à le croire. Il nous parlait de l'arbre sacré dans lequel MA dormait au Bangladesh. Elle avait creusé un trou entre les racines immenses de cet arbre et s'y lovait des jours entiers pour retourner à la source de la nature. Depuis, cet arbre est le refuge des prières des hommes. Babaji nous racontait des histoires de mauvais sort. Un soir, une voix l'avait appelé alors qu'il était dans sa chambre. Il était sorti voir qui l'appelait. Mais des enfants l'avaient arrêté sur son chemin. Puis il avait continué sa route pour s'approcher de l'arbre d'où semblait venir la voix. Au moment où il arrivait sous l'arbre, une branche énorme tombait sous ses yeux. S'il n'avait pas été retenu par les enfants, elle serait tombée sur lui. C'était de la magie noire. Un moine ayant beaucoup de pouvoir lui en voulait. Il avait réveillé le « titan », le mauvais esprit de l'arbre, pour se venger.

Je devais donc chercher Melchisédech. Mais pourquoi ? Izou m'avait prévenue que chacune des paroles de Babaji avait un pouvoir. Pourtant, ce qu'il me demandait me semblait trop haut pour moi, trop loin de mes repères.

Marcher huit cents kilomètres dans le désert, vivre avec des contrebandiers à la frontière du Mali et de l'Algérie, assister à des cérémonies secrètes avec les nomades du désert, escalader le clocher de Notre-Dame de Paris au milieu de la nuit, aucun problème : j'avais la sensation que rien n'était insurmontable. Mais face à Babaji, je découvrais que je ne maîtrisais rien et vivais les yeux fermés sur l'infini de possibles qui vibre autour de nous et en nous. Aucun exploit n'est à la hauteur d'une joie durable en soi. Ce ne sont pas nos réussites qui adouciront notre mort, mais notre éclat.

Les jours qui suivirent, je ne cessais de questionner Babaji au sujet de Melchisédech, mais il répétait toujours les mêmes mots. Le moment n'était pas venu d'en apprendre plus.

Un soir, alors que je lui demandais où se trouvait Melchisédech, Babaji a de nouveau évacué ma question. Cette fois, j'ai insisté. De fil en aiguille, j'ai appris qu'il se trouvait en Israël car il était un descendant des Cananéens. Au moment précis où

Babaji m'expliquait cela, trois Israéliens sont venus se joindre à nous. Babaji leur a demandé de s'asseoir et les a fait parler de Jérusalem. J'ai alors découvert qu'il existe dans la Ville sainte un quartier où se trouvent des rabbins kabbalistes très spirituels : Méa Shéarim. Babaji les questionna beaucoup au sujet de Méa Shéarim, mais ces hommes connaissaient très mal ce quartier qui abritait les juifs orthodoxes. Dans l'insistance de Babaji, j'ai compris qu'il me donnait la réponse que je cherchais. Après leur départ, j'ai demandé à Babaji s'il était possible que Melchisédech se trouve à Méa Shéarim. Oui. Il m'a alors conseillé d'être accompagnée d'un guide si je souhaitais y aller.

Cette quête qui me semblait merveilleuse mais encore irréelle prenait forme. Cela me terrifiait. Car j'avais vraiment fini par y croire. J'allais partir à Jérusalem à la rencontre de l'initiateur d'Abraham. C'était fou et cela m'enchantait. De retour dans ma chambre, j'ai découvert cette phrase de MA qui m'encourageait : « Par la force d'une pensée pure et concentrée, tout est possible. » Encore fallait-il être capable d'avoir une telle pensée…

Depuis mon arrivée, je souffrais d'une effroyable migraine. Ni les masseuses, ni la méditation, ni l'attention de Babaji ne parvenaient à me soulager. Ma tête explosait à force d'être bouleversée. Je me doutais que cette douleur devait avoir un sens, qu'elle devait me mener quelque part. Mais où ? Par terre.

J'étais allée ce soir-là à l'*arati* du *Samadhi* en attendant l'heure de Babaji. Les cymbales déchaînées vrillaient mon crâne tandis que les voix aiguës des enfants s'élançaient de plus en plus fort. Enfin, le silence. Je me suis levée en même temps que l'assemblée face à la photo de MA, puis me suis évanouie. J'ai repris conscience la tête allongée sur les genoux d'Izou qui me tapotait doucement les joues. J'ai d'abord eu honte de me donner ainsi en spectacle. J'ai répété d'une voix assurée que tout allait bien. Ce que j'avais ressenti en m'effondrant était assez proche de l'étrange vertige que j'avais vécu le premier jour auprès de Babaji. Ma migraine et cet évanouissement semblaient en être l'écho. Chancelante, je suis allée retrouver Babaji, épaulée par Izou, désireuse de ne rien montrer de ma fragilité. Mais toute la soirée, je n'ai cessé de tomber et de m'évanouir face à lui. Pour me redonner des forces, il a demandé à Pushparaj d'aller chercher de la confiture dont j'ai dû me goinfrer pendant toute la durée du *darshan*. Je n'avais vraiment pas faim, je n'ai jamais aimé la confiture, mais je voulais lui obéir. Je sentais que je ne souffrais pas d'hypoglycémie. Le vertige du premier jour à la suite de son étrange regard, Melchisédech, la migraine, l'énergie puissante du *Samadhi* et de Babaji, tout était lié.

Pendant le dîner, j'ai été prise de bouffées de chaleur et de tremblements si violents que j'ai dû m'allonger, mon pot de confiture à la main. Izou pensait qu'il s'agissait de la *Shaktipat* : l'éveil de l'énergie. Mais alors, pourquoi n'avais-je plus d'énergie ? Ma migraine avait disparu. Elle semblait avoir été poussée à l'extrême pour que je lâche tout. Je détestais l'image de moi que j'avais imposée à Babaji, Izou et Gonzague. J'ai été élevée à rester droite, digne et forte quoi qu'il arrive. J'étais devenue une petite chose fragile. À mon insu, je vivais encore un enseignement : effacer sa propre image de soi. Être simplement. Si j'écoutais MA, cette souffrance était peut-être même salvatrice : « Tant que l'on ne souffre pas, l'âme n'éprouve pas le désir de connaître la cause ultime de l'univers. La maladie, le chagrin, les privations, etc., sont autant d'éléments indispensables à l'ascension spirituelle. Le feu brûle toutes les impuretés. »

Le lendemain, j'avais décidé d'être en pleine forme. J'étais donc partie au lever du jour sur les bords du Gange pour méditer, mais chaque pas était une lutte contre la pesanteur. J'aurais dû écouter mon corps et rester allongée. Mais le soleil brillait sur le fleuve, les pétales de fleurs dansaient dans le courant, les moines faisaient leurs ablutions et il m'était impossible de me réfugier dans ma chambre alors que la vie se dévoilait là, face à moi, dans toute sa poésie fervente.

De retour à la *guest house*, Izou m'a mis entre les mains un pot de miel de la part de Babaji. Je devais me renforcer. Babaji insistait souvent sur l'importance de tenir son corps en bonne santé. Si le corps est faible, la tête ne suit pas. Entrer dans un chemin spirituel exige force et courage. Pas de complaisance, ni de larmoiement. Guérir, avancer et tenir face aux épreuves. Pas un prophète ou un grand yogi qui ne soit un guerrier. Car plus on avance dans la lumière, plus l'ombre est fracassante. C'est pour cette raison que tous les textes sacrés sont violents. Les plus hauts sommets s'atteignent dans la lutte et dans l'épreuve, passages obligés pour se dépasser, aller plus haut que soi, s'épurer et enfin se donner à la lumière. MA insistait : « Si vous n'êtes pas prêt à supporter tous les ennuis de la vie actuelle et de la suivante avec plus de courage que la moyenne des hommes, vous ne ferez aucun véritable progrès spirituel. »

Ce soir-là, j'ai assisté à une très jolie scène. D'une simplicité extrême, ce moment m'a semblé pourtant miraculeux. Babaji était descendu plus tôt que d'habitude. Trois Occidentaux se tenaient avec Izou, Gonzague et moi à ses pieds. Ils l'interrogeaient en anglais sur l'alchimie : l'art de transmuter les métaux en or. Cette œuvre symbolique vise en réalité à nous transformer nous-mêmes, à révéler ce joyau que nous sommes déjà.

Au beau milieu de ce grand débat, un papillon orange, de la même couleur que la robe des moines, s'est posé sur le châle qu'Izou avait placé sur les pieds de Babaji afin de le protéger de la fraîcheur du crépuscule. Il s'est soudain désintéressé de notre discussion savante, s'est lentement emparé du châle et l'a donné à Izou. Le papillon est resté immobile dans les mains de ma tante pendant un long moment. Nous assistions à cette scène, silencieux, troublés par tant de douceur. Enfin, Babaji a dit : « Vous voyez, Izou, ce papillon vous aime. » Puis il a repris le châle et l'insecte a fini par s'envoler. Il a ainsi répondu aux questions des Occidentaux au sujet des alchimistes, le papillon étant le symbole de la métamorphose. Mais ce papillon étrangement immobile qui passait des mains de Babaji à celles d'Izou était surtout pour moi une déclaration d'Amour.

Le jour de l'anniversaire de Babaji était enfin arrivé. Michel, mes cousines et leurs enfants nous ont rejoints pour deux jours. Nous avons préparé cette journée ensemble avec émotion. Le souci de donner le meilleur de soi pour soigner les souvenirs.

Quand Babaji est descendu de sa chambre, des Indiens et des fidèles occidentaux se sont pressés à ses pieds pour le couvrir de guirlandes de fleurs. Il riait et ne cessait de répéter : « Je voulais un anniversaire discret!» Silencieuse, à l'écart, je le fixais, très intriguée par cette foule qui s'inclinait face à lui tandis qu'il semblait ailleurs. Il se prêtait au jeu, par respect de la tradition, mais au fond, il se moquait de son anniversaire. Il n'avait pas passé tant d'années dans l'Himalaya pour être couvert de fleurs. Pour lui, cette journée n'avait de sens que si elle était tournée vers MA.

Izou a demandé à Pushparaj et à son neveu Narayan d'emmener Babaji. Ils ont soulevé sa chaise en plastique et l'ont porté hors de l'*ashram*. Nous les avons suivis tandis qu'ils traversaient la rue pour se diriger vers une maison entourée d'arbres au bord d'un bras du Gange. Dans cette maison, devenue un musée, se trouve la chambre de MA. Une simple pièce blanche avec un lit en bois. Le dénuement absolu pour une des plus grandes saintes que la terre ait portées.

Babaji s'est levé. Il a fait le tour du lit, lentement, ému, puis s'est assis sur une chaise, les yeux fixés sur le lit de MA. Il nous donnait à voir le don de sa vie. J'étais persuadée qu'il sentait, voyait et vivait un univers qui nous restait étranger, que nous étions aveugles et lui voyant. Il semblait être tellement au-delà, tellement loin de nous que je me demandais comment, si proche de l'absolu, il supportait de rester sur terre. Enfin, il s'est levé lentement. Personne ne s'est approché de lui pour l'aider à marcher vers sa chaise. Sa gravité imposait le silence et le retrait.

J'avais les larmes aux yeux car je sentais que je me trouvais au cœur d'un Amour plus grand que mes rêves. Et je pensais aux mots de MA au sujet d'un Sage : « Sa présence baigne tout comme la lumière du soleil ou de la lune. »

© DR

Ma Anandamayi

Dans la nuit tombée, nous avons porté Babaji jusqu'à la *guest house* en le faisant franchir un chemin de roses que nous avions créé pour lui. À l'intérieur, des centaines de bougies l'attendaient sur un sol jonché de fleurs. Une immense photo de MA, couverte d'un sari blanc, était posée près du siège de Babaji. En Inde, on dit que les photos sont vivantes. Ce soir-là, j'y ai cru moi aussi. Cette impression qu'elle était là, pour lui, avec lui, tandis qu'il méditait après avoir distribué des chocolats comme *prasad* (nourriture bénite). Le plus beau cadeau que nous pouvions lui faire était de rentrer nous aussi avec lui dans ce silence, trouver la lumière avec notre peau et notre âme. Être une joie possible.

Vijayananda

J'ai fixé la photo géante de MA pour lui parler. J'espérais des réponses qui ne venaient pas. Je m'y prenais très mal avec cette photo. Au lieu de me laisser absorber par elle sans rien demander, je l'agressais avec mon désir de la faire vivre. Alors, mon esprit, incapable de rester concentré long-temps, a divagué. J'ai repensé à l'étrange histoire de la photo de MA qui se trouvait dans la chambre de Babaji. Il l'appelait « la photo magique ». Un dévot la lui avait offerte plusieurs années auparavant. On y voyait MA, jeune, assise sur le sol dans son sari blanc. Ses longs cheveux lâchés tombaient sur ses épaules, sa tête était un peu penchée. Elle fixait l'objectif les yeux mi-clos. Babaji a médité pendant des mois devant cette photo. Un jour, il a décidé d'en faire une copie pour l'offrir au dévot qui lui avait fait ce don. Sur la photo est apparue une grande lumière juste au niveau du cœur de MA. Ils ont d'abord cru à une erreur d'impression, mais quelles que soient les méthodes employées, la lumière demeurait au même endroit. Cette photo est désormais largement répandue. Tous les brahmanes et les fidèles de MA ont compris ce mystère : la méditation fervente de Babaji avait ouvert le cœur de la photo...

Izou, sa famille et Gonzague étaient rentrés à Paris. J'étais seule désormais à Kankhal. Moi qui pensais savourer ces moments de solitude, je les trouvais longs. J'avais passé des après-midi délicieux sur mon balcon quand je les arrachais à des moments en communauté. Je ne volais plus ces heures solitaires, alors elles perdaient leur grâce. Je me réfugiais donc dans la beauté de l'aube sur le Gange. Des chiens errants s'abreuvaient de l'eau sacrée. Des troupeaux de chèvres marchaient vers un pâturage. Des *sadhus* étaient avalés par leur prière face au fleuve divin. Des chants sacrés s'évadaient des fenêtres des *ashrams* ouverts sur le Gange. Une terre où l'air est prière.

À la fin du jour, je me délectais de cette obsédante odeur de la terre quand le jour tombe et qu'elle exhale son parfum gorgé de soleil. C'est son âme qui semble alors nous envelopper. J'approchais du *Samadhi* et de l'heure de Babaji en respirant à pleins poumons la poussière pour que ce petit bout de terre sacrée me colle à la peau. J'avançais vers l'heure essentielle avec un peu d'appréhension. En effet, presque chaque soir, au *Samadhi* et devant Babaji, je continuais de subir des vertiges qui me clouaient au sol. Cette étrange manie devenait gênante. Malgré les pots de confiture que j'avalais, pouvais-je manquer de sucre ? Ou bien, subissais-je une émotion trop forte ? Deviendrais-je totalement illuminée ? Qu'avait-il ouvert en moi pour que je sois condamnée à m'abandonner, à accepter physiquement que je ne maîtrise rien ?

Ce soir-là, Babaji a marché vers nous, fébrile, les jambes chancelantes, mais toujours indifférent à son corps. Il m'a demandé si j'allais mieux. J'ai répondu par l'affirmative même si c'était faux, mais je trouvais cela insultant d'aller mal face à lui. Une fois de plus, il m'a parlé de Melchisédech, puis a posé sa main sous mon menton. Geste rituel qui semblait vouloir transmettre plus que des mots, le pouvoir de croire dans sa peau.

Comme un coup d'éclat dans ma solitude, j'eus la joie et le malheur de parler au téléphone avec mon amour impossible. Il ne m'aimait pas, mais ne me laissait pas m'éloigner. Ni son absence ni sa rudesse ne m'avaient arrachée à lui. Je croyais ne plus l'aimer puisque je n'espérais plus. Mais il faisait partie de moi. Auprès de lui, j'avais la sensation d'être à ma place, cohérente, juste, car mon cœur et mon âme vibraient au diapason. Auprès de lui, la vie devenait plus intense, plus vaste, poétique et blessante. Il était mon évidence, j'étais une femme de plus dans sa vie. Je priais sans cesse MA de me donner la grâce d'aimer un homme sur terre et non dans mes rêves. Malgré tout le chemin traversé, malgré ces heures sacrées auprès de Babaji, ces journées de méditation, impossible de me l'arracher du cœur. Chaque homme n'était qu'un pâle reflet de lui. Depuis qu'il était entré dans ma vie, je ne connaissais plus de grand amour, seulement des instants d'amour. Je l'aimais parce qu'il m'échappait. Mais au moins, près de lui, j'étais fidèle à mon cœur. Sans parler de lui précisément, je questionnais beaucoup Babaji sur l'amour, aux prises avec cette faille obsédante. J'étais en effet convaincue que seuls les amours impossibles pouvaient durer et rester intactes, que la réalité d'une vie à deux était parfaitement incompatible avec l'élan du cœur.

Lorsque j'allai retrouver Babaji, encore troublée d'avoir parlé à cet homme, un fidèle l'a questionné sur la fragilité des sentiments. Babaji m'a regardée et a fait de cette maxime une règle générale – ce qui était très rare : mieux vaut avoir un mauvais amour que ne pas aimer du tout. Puis il a ajouté : « En amour, pas de règles à l'avance. S'adapter à l'instant. » Le cœur humain a en effet tant de paradoxes qu'il ne faut peut-être pas tant s'y fier. Au-delà de l'amour, je devais aspirer à un lien plus profond et plus stable que les sentiments. Babaji a poursuivi : « Le jeu divin nous place parfois face à des personnes sans intérêt. Partir, c'est aussi jouer le jeu, c'est dire : je ne joue pas. Pas besoin de se mettre en colère, seulement éviter ce jeu-là. » Pourtant, on s'accroche parfois par attachement à la souffrance. Par crainte de l'ennui. Pour avoir la sensation d'exister. Babaji avait répété : « Les gens aiment la souffrance pour échapper à l'ennui. Les gens aiment la souffrance car il est plus facile d'avoir une grande souffrance qu'une grande joie. Et sans l'un ou l'autre, ils s'ennuient. On préfère souffrir que la banalité. Et être heureux est difficile. » Cet amour impossible m'arrangeait donc car, loin d'ébranler mes rêves, il les nourrissait. Et souffrir pour lui me donnait l'occasion d'avoir le cœur qui bat, d'échapper à la banalité. J'ai demandé à Babaji :

– Qu'est-ce que ça veut dire, aimer ?

– Aimer, c'est penser chaque jour : je te veux du bien.

Un homme venait d'arriver à Kankhal avec un groupe de fidèles. Maigre, vêtu de blanc et portant une barbe d'ascète, il semblait sortir de sa grotte. En fait, très médiatique, il organisait des voyages spirituels en Inde. Le groupe de Français qui l'accompagnaient semblaient impressionnés par la simplicité de Babaji. Ils lui posaient timidement des questions tandis qu'il répondait avec sa douceur coutumière, parfois même avec distance. Il sentait le *bhav*, l'attitude mentale des personnes. Ses réponses faisaient écho à leur sincérité et non à leurs paroles. À la fin du *darshan*, l'homme a distribué des tapis de méditation aux membres du groupe. Il avait demandé à son Maître de prendre chaque tapis un à un sur ses genoux pour les bénir et les emplir de ses vibrations avant de les offrir. Il en restait un. Il m'a donc été attribué. Babaji s'est emparé du tapis et s'est écrié : « Oh, c'est pour Blanche ! » Il m'a prise dans ses bras et m'a serrée contre lui. Ma tête dans le creux de son cou, son bras autour de moi. Si fort, si exceptionnel, si puissant que j'avais les larmes aux yeux. Un ascète comme Babaji évite tout contact, touche à peine pour ne pas prendre les vibrations. Cette étreinte était inespérée, une grâce. Et je ne me sentais pas à la hauteur… Je suis sortie de ses bras tremblante, consciente qu'il venait d'imprimer en moi sa lumière. Pour que mon corps s'en souvienne quand mon cœur doutera.

Je me suis assise à ses pieds, vidée. Il venait de me montrer que la douceur pouvait être d'une puissance incomparable. Plus tôt dans la journée, je lui avais demandé en prière la grâce d'aimer. Le soir même, dans ses bras, j'avais découvert l'Amour, celui qui ne vise rien d'autre que la joie pure. Je savais que cette étreinte serait la dernière. Mais ce tapis de méditation en garderait l'empreinte.

Je comprenais enfin ces mots qu'il avait prononcés la veille : « Un sage est l'essence même de l'amour. Il n'a rien à faire, il rayonne. Comme le soleil qui n'a pas de volition pour éclairer. C'est sa vraie nature. » Il nous montrait notre voie sur terre : trouver un peu de lumière et l'offrir.

Lors de ma dernière soirée auprès de lui, Babaji a une fois de plus parlé d'amour avec une légèreté et un humour déroutants. Il n'était pas très encourageant au sujet du mariage, soutenant que l'on changeait sans cesse, donc l'amour aussi… Il a ajouté : « Lorsqu'on est amoureux longtemps, on est amoureux d'un souvenir. » Selon lui, il fallait être un fin psychologue pour aimer, c'est la raison pour laquelle très peu de gens y parvenaient durablement. J'étais persuadée que ces paroles m'étaient adressées. Il avait lu dans mon cœur et savait que j'aimais une chimère. Il devinait que je cherchais une vibration continuelle. Rêve de midinette. Pour lui, le seul critère pour vivre à deux, c'était de bien s'entendre et d'avancer dans la même direction, puisque le cœur était instable. Non pas l'amour fou, mais une marche dans la vie, main dans la main. Il avait ajouté que tout amour qui n'était pas divin était voué à l'échec. Ses mots m'avaient d'abord choquée puis j'avais compris qu'ils étaient d'une logique implacable. Si un amour ne transcende pas le désir et le cœur, il s'épuise de lui-même. En revanche, s'il vise une autre dimension, il s'épanouit. Instinctivement, je l'avais toujours senti puisque j'avais choisi l'amour impossible. La façon la plus simple d'installer dans son cœur une part de mystère. Mais auprès de lui, je comprenais qu'il était plus courageux et fondateur de trouver une transcendance dans la réalité d'un partage.

Dans un moment de silence, il a dit d'une voix douce et ferme : « Donner de la joie et du bonheur devrait être le but de nos actes. » Il affirmait en effet que le bonheur en nous est à la source de tous les bonheurs. Puis il a conclu par ces mots fondateurs : « Agir parfaitement, c'est agir au maximum de soi-même. » Agir au maximum de soi-même... Et si c'était cela, aimer ?

Les fidèles s'étaient tous éloignés et je restais seule avec Babaji dans la cour de l'*ashram*. Il a pris mon menton dans sa main et m'a répété que si je le désirais de tout mon être, si j'avais la foi, je trouverais Melchisédech à Jérusalem. Si fou que cela puisse paraître, j'y croyais. C'était irrationnel, mais auprès de lui tout semblait possible. Un an auparavant, je n'aurais pas cru que je passerais tant de semaines immobile à écouter l'enseignement d'un Sage. J'aurai ri, si on me l'avait prédit. Et j'étais désormais prête à aller à Jérusalem chercher Melchisédech. Normal. MA disait : « En ce monde, qui peut être considéré comme normal ? Tout le monde est un peu fou : certains courent après l'argent ou la beauté, d'autres sont passionnés par la musique ou entichés de leurs enfants, etc. Ainsi, nul n'est parfaitement équilibré [...]. Le remède à toutes ces maladies consiste à stopper les fluctuations mentales. Quand l'esprit aura cessé de s'agiter, alors tout ira bien pour l'individu, tant au niveau physique que psychologique. » Qui a fixé les critères de la normalité ? Des hommes aux prises avec leurs limites, leurs peurs, leurs démons, leur besoin impérieux d'être rassurés. Dès que j'empruntais des chemins incongrus, mon père répétait : « Ce n'est pas normal. » Mais vivre et souffrir, est-ce cela être normal ? Babaji m'avait un jour avoué qu'il n'avait jamais rencontré un grand Sage qui enseignait le code moral admis par les conventions sociales. Son grand ami Swarupananda répétait en effet souvent : « Je me fiche de la politesse, je veux la vérité. »

Je découvrais une autre voie. Non pas aimer à bout de souffle, mais s'accompagner. Non pas l'extase, mais la profondeur infinie. Non plus réfléchir, mais se laisser traverser par l'évidence. Non plus marcher vers un pays rêvé, mais vers le mystère. Non plus être obsédé par la réussite professionnelle, mais se simplifier. Tendre vers l'humilité et se tourner vers la joie, de tout son être, afin de célébrer notre passage sur terre.

Babaji et moi sommes restés silencieux les yeux dans les yeux. Je ne craignais plus qu'il s'ennuie avec moi. Être dans son regard me suffisait. Le quitter me paraissait absurde. J'avais la sensation de tourner le dos au soleil. Il a pris mes mains et m'a fixée avec tant d'amour que j'en étais bouleversée. Comment pouvait-il m'offrir cet amour-là alors que je ne lui avais rien donné ?

Avant de le rencontrer, j'étais persuadée que j'étais solide et implacable. Je l'avais montré en traversant les déserts et j'en étais fière. Désormais, j'étais là, à genoux face à lui, épuisée par mes vertiges, les mains dans les siennes, vulnérable, mais riche d'une force nouvelle car j'avais trouvé sur terre un homme qui justifie d'être en vie.

*

Au bord de la piscine d'un bel hôtel de Delhi, bercée par le hurlement des Klaxon de la rue, je me répétais que ce n'était peut-être pas si mal, finalement, de vivre dans le monde. L'*ashram*, la grotte et la solitude pouvaient attendre. Dans la piscine, en me délectant de l'eau tiède qui coulait contre mon corps, je songeais que cette joie-là avait beau être passagère, illusoire, elle était ma façon de célébrer Dieu et valait bien une prière puisqu'elle m'offrait une sensation de plénitude. En sortant de l'eau, j'ai commandé un cocktail que j'ai siroté lentement, puis j'ai pris une résolution radicale : fidèle à Babaji, j'allais cesser une bonne fois pour toutes de voir la vie sous un angle négatif. N'est-ce pas la seule façon de rendre son existence supportable ? Babaji aimait raconter l'histoire de ce roi lié à un vizir qui disait toujours : « Tout ce que fait Dieu est pour le mieux. » Un jour, ils allèrent à la chasse et se perdirent dans la forêt. Après avoir cherché en vain le chemin du retour, le roi eut faim et demanda au vizir de lui trouver un fruit. Celui-ci grimpa dans un arbre, cueillit un fruit et le tendit au roi qui sortit son couteau pour le couper. Mais son couteau glissa et l'amputa d'un doigt. En soignant le roi, le vizir s'exclama : « Tout ce que fait Dieu est pour le mieux ! » Furieux devant tant de légèreté face à sa douleur, le roi chassa le vizir qui partit en répétant « Tout ce que fait Dieu est pour le mieux ! » Quelque temps plus tard, le roi fut fait prisonnier par une tribu de sauvages qui voulaient l'offrir en sacrifice à leur déesse. Le roi protestait : « Savez-vous qui je suis ? » Les sauvages répondirent : « Oui, un roi ! Tant mieux, notre déesse sera contente ! » Ils l'attachèrent à un poteau, et le prêtre chargé du service s'approcha de lui avec un couteau pour l'égorger. Soudain, il vit que le roi avait un pansement. Il l'arracha et s'aperçut que le doigt était amputé. Alors il s'exclama : « Cet homme n'est pas entier ; nos règles nous interdisent de le sacrifier ! » Ils le détachèrent donc et lui rendirent sa liberté. Le roi repartit dans la forêt et retrouva par hasard son vizir. Il courut à lui en s'exclamant : « Tu as eu raison ; si je ne m'étais pas coupé le doigt, j'aurais été sacrifié par les sauvages. Je n'aurais pas dû te chasser. » Le vizir répondit : « Mais si, tout ce que Dieu fait est pour le mieux ; si tu ne m'avais pas chassé, ils m'auraient aussi attrapé et c'est moi qu'ils auraient sacrifié ! »

Après un bain moussant au jasmin, je m'étais dirigée vers un bar américain pour boire un verre de vin sous des airs de jazz. La seule façon de supporter l'arrachement à Babaji était de revenir en beauté dans la réalité. J'avais la sensation d'avoir baissé les armes pendant ces trois semaines auprès de lui. Je n'avais plus cette rage de comprendre, d'écrire, de lire, de construire, je me laissais porter par l'instinct. En outre, je n'avais pas vraiment le choix, toujours tenaillée par ces vertiges incompréhensibles. J'avais appris à m'abandonner à la langueur d'une journée immobile, isolée, sans horaires, ni rencontres en dehors de l'heure du *darshan* de Babaji. Je devinais que cette douceur nouvelle était plus essentielle que des heures de travail acharné, ou plutôt les rendait-elle plus fertiles. En achevant mon verre de vin, je pris conscience que pendant ce séjour, Babaji m'avait placée sur deux voies : trouver Melchisédech et l'amour. L'une et l'autre me semblaient inaccessibles.

S'ABANDONNER

De retour en France, les vertiges m'ont clouée au sol. Ils me prenaient sans crier gare, dans une fête, mon entrée, la rue, les escaliers. Je restais immobile un moment, puis l'énergie revenait doucement et je reprenais vie. J'avais la sensation d'être un pantin qui poursuivait sa danse après avoir été mis sur pause. Une main invisible me débranchait et me rebranchait à sa guise. Tout avait commencé par un regard de Babaji. Que se passait-il en moi ? Patañjali écrit que la maladie signifie que le corps refuse quelque chose. Qu'est-ce que je n'acceptais pas ? D'avoir quitté une fois de plus à mon retour un homme qui m'aimait ? De ne pas réussir à garder en moi la joie du Sage ? Je ne trouvais aucune explication rationnelle. Malgré les médicaments que j'avalais pour faire remonter ma tension, j'étais vissée au sol. Mon médecin ne comprenait pas. Il finissait par me regarder d'un air soupçonneux, comme si j'inventais es vertiges ou les recherchais. Il est vrai que l'abandon qu'ils suscitaient ne me déplaisait pas. Je déconnectais et planais, mais le retour était violent, le corps encore plus lourd. Je devais prévenir chaque personne que je rencontrais que je risquais d'avoir des vertiges au beau milieu d'une discussion. Ils attendaient que le malaise passe, un peu gênés, voire indifférents, et cela me blessait car j'avais besoin d'un contact pour ne pas m'envoler tout à fait. On me conseillait de me reposer, mais cela m'angoissait encore plus. Amoureuse de ces mots de Rimbaud : « Je redoute l'hiver parce que c'est la saison du confort », je ne supportais pas l'idée de rester allongée, de ne rien construire. Pas question de me reposer. Mais je n'avais pas le choix. Pour me donner du courage, je me répétais les mots de Babaji, « souple, souple, danse ». Et je tombais.

Dans les meilleurs jours, je me persuadais que je vivais une expérience extraordinaire : une petite mort pour une renaissance. J'étais convaincue que quelque chose d'essentiel avait été touché en moi face à Babaji et dans le *Samadhi*. Mon corps était donc en métamorphose. Tout passeur de lumière a d'abord été terrassé. Étape nécessaire pour se purifier. Se libérer des chaînes qui entravent. Lors de l'une de ces journées exaltées où je remerciais le ciel de m'avoir mise à terre, j'avais ouvert un livre de MA. Les mots sur lesquels j'étais tombée, universels, justes et profonds, m'avaient marquée : « Une mare pleine d'immondices dégage son odeur la plus agressive au moment où on la récure. Bien des ordures qui gisaient, cachées dans les profondeurs, présentent l'aspect le plus repoussant quand elles sont remontées au grand jour. L'étendue et l'épaisseur de la saleté ne se mesurent que lorsque l'on nettoie. »

Babaji avait répété à plusieurs reprises que dans l'épreuve, on devait faire le dos rond et attendre que ça passe. Puisque tout passe. Pourtant, les vertiges s'intensifiaient jour après jour et je perdais toute mon énergie. Je peinais à marcher, à monter mes cinq étages. Je ne pouvais plus faire de yoga et je devais rester allongée des heures pour avoir la force d'aller à un rendez-vous. Dans un ultime désir de me prendre au sérieux, mon médecin m'avait demandé de faire une IRM et un scanner du cerveau afin de vérifier que je n'avais pas de tumeur. Je savais que ce n'était pas le cas. Le déclencheur avait été spirituel.

Tous les axes de ma vie étaient flous : sentimentaux, professionnels, physiques. Et si j'écoutais enfin l'enseignement du Sage ? Et si je laissais faire, puisque je n'arrivais à rien ? Patience. J'avais la sensation que mon avenir était en train de se construire sur un autre plan et que, pour l'instant, je devais attendre. J'ai toujours détesté attendre. Chez moi, l'impatience est génétique. Pourtant, la vie me forçait à aller dans les directions opposées à mes désirs pour me forcer à grandir.

Même si je fixais chaque jour en méditant les photos de MA et Babaji, je doutais de cette lumière qui devait sommeiller en moi. Je voulais la réveiller et me retrouvais à terre. Je commençais à perdre la foi. Un soir, j'avais demandé à Babaji :

– Comment fait-on pour ne pas douter ?

– Un moyen infaillible : avoir la foi.

Il avait ajouté que le doute était une épreuve nécessaire pour rendre la foi de plus en plus solide. La douleur n'était pas une fin en soi, une fatalité, mais un passage initiatique. Il ne s'agit plus de se lamenter dans la souffrance, mais de s'interroger : « Qu'est-elle venue m'apprendre ? Où peut-elle me mener ? » Babaji aimait dire que la souffrance était cet ami qui nous réveille alors que nous dormons dans la neige. Si quelques baffes ne nous sortent pas de notre léthargie, alors les coups s'intensifient pour nous faire ouvrir les yeux et nous sauver d'une mort assurée.

La vie voulait-elle me pousser à vivre allongée pour me réveiller ? Je me répétais que je devais accepter ma situation avec joie. Tomber en riant. J'en étais incapable. Je ne songeais plus à me tourner vers un bonheur durable et un rayonnement sans faille. Mes bonnes résolutions s'étaient effondrées avec moi. Babaji m'encourageait à prier. Je ne savais pas comment faire. Méditer, oui, mais m'adresser à Dieu, non. De plus, je savais qu'Il n'en faisait qu'à Sa tête. En effet, « ce qui doit être sera », même si une prière intense et sincère pouvait dévier le cours du destin. J'avais compris que nos pensées avaient un pouvoir. Mais je manquais d'intensité.

Le soir de Noël, j'étais paralysée au point de ne plus pouvoir m'habiller seule, ni marcher. Mes vertiges étaient devenus constants. Toute ma famille était à l'église et j'étais restée allongée chez moi à écouter les musiques les plus tristes possible pour encourager mes larmes d'impuissance. Après la messe, ma mère est venue me chercher, elle m'a habillée et m'a emmenée chez ma sœur pour le réveillon. Ils m'ont posée sur un canapé et je n'ai pas bougé de la soirée. Du salon, je les entendais, rire, trinquer, débarrasser, chanter, et j'étais au supplice. Ma sœur venait de temps en temps avec une coupe de champagne, dans laquelle je trempais les lèvres tandis qu'elle me soutenait la tête, puis elle me laissait à mon état de chiffon. Le lendemain, jour de Noël, j'étais à l'hôpital. Nous avons arraché un neurologue à ses cadeaux pour qu'il vienne m'ausculter. Il n'a rien trouvé. Furieux de s'être déplacé pour rien, il a décrété que mon mal était psychologique en me jetant un regard méprisant. Un psychiatre est alors venu me trouver dans ma chambre. Il m'a dit : « Votre corps n'en peut plus. Écoutez-le. » Puis, il m'a demandé d'oublier mon orgueil, d'accepter d'être fragile. Je n'avais pas vraiment le choix. Je lui ai expliqué que si j'avais la puissance psychologique de me mettre dans un état pareil, c'était très encourageant, car cela signifiait que j'avais la même force pour accéder à l'état inverse. Il semblait outré par cette façon de penser. D'un air inspiré comme s'il exprimait une vérité fondamentale qui m'aurait échappé, il a martelé : « Posez-vous, reposez-vous. Vous comprenez, vertige signifie : je perds l'équilibre. Et paralysie : je n'ai plus la force d'avancer, je souffre, portez-moi. » Je lui ai répondu qu'il avait l'air intelligent. Il m'a jeté un regard exaspéré. Pas là pour rigoler. Moi si. Surtout à l'hôpital le jour de Noël. Enfin, son verdict est tombé : « Bon, on va prendre rendez-vous à mon cabinet. » Pas question que j'aille voir ce type glacial incapable de comprendre que la même force intérieure qui nous terrasse peut nous élever. Même si je venais de finir la promotion de mon roman sur mon frère, *Pourquoi pas le silence*, je savais que mon mal n'était pas psychologique. Les symptômes avaient commencé en Inde, sous le regard de Babaji. J'étais en train de vivre une petite mort pour renaître. Ce n'était pas un hasard si les vertiges avaient atteint leur paroxysme la nuit de la naissance de Jésus. Ma sœur me reprochait de voir des signes partout, mais je découvrais le véritable langage de la vie.

J'ai passé deux jours à essayer de m'enfuir de l'hôpital où j'étais cloîtrée. Enfin libérée, je suis partie chez mes parents en Charente. J'ai retrouvé mes forces au coin d'une cheminée en regardant les arbres dénudés pendant des heures. Mon impatience s'était réveillée : je voulais reprendre la route, écrire, façonner de nouveaux rêves, mais mon cerveau ramolli ne produisait rien. Alors je me répétais en boucle cette phrase de Buffon : « Le talent est une longue patience ».

Au cœur de ces lentes journées d'hiver, pétrifiées, j'eus la joie d'entendre la voix de Babaji au téléphone. Il a insisté sur la patience, clé du succès spirituel et matériel car elle nous aide à agir prudemment et calmement. Prudence, encore un mot que j'avais rayé de mon répertoire. Sans m'attarder sur ce sujet délicat, je lui ai souhaité une bonne année. Il m'a alors répondu qu'il me souhaitait beaucoup de succès, mais que la clé était l'harmonie… Le succès n'a en effet de valeur que s'il offre de la lumière. La porte ouverte pour délivrer un message éveilleur. Nous sommes responsables de ce que nous donnons au monde. J'avais lu justement ce jour-là ces mots de MA : « Les gens cherchent toujours de nouvelles occasions de réussir dans les affaires de ce monde, mais bien peu se rendent compte qu'aussi longtemps qu'ils poursuivent exclusivement des profits matériels, ils doivent rester en dehors de la chambre intime de leur âme. »

Alors que je nourrissais ces réflexions, Babaji m'a parlé une fois de plus de Melchisédech. Il m'a répété qu'il était cananéen, avait donné l'initiation à Abraham mais n'avait pas de religion. Il était simplement voué au Dieu suprême. Un être réalisé n'a en effet plus besoin du support d'une religion. La notion de religion est arrivée avec Moïse. Avant, il y avait ceux qui se vouaient au Dieu suprême et les autres aux forces de la nature. Ainsi, Melchisédech, même s'il résidait à -Jérusalem, n'appartenait à aucune religion. Je partageais avec Babaji mes doutes sur la possibilité qu'un tel être se montre à moi. Il m'a répondu que l'initiateur d'Abraham pouvait communiquer son enseignement à une personne assez mûre, capable de s'ouvrir au mystère sans le support d'un dogme. Était-ce mon cas ? Pourquoi Babaji me parlait-il autant de Melchisédech ?

Avant de raccrocher, pour me donner du courage, Babaji m'a répété que le corps humain traversait des cycles de trois-quatre jours positifs puis négatifs. Le savoir nous aidait à supporter le cycle négatif. Cela me semblait très logique. La nature vit des cycles incessants. Pourquoi pas les hommes ? Mon corps était donc en hiver.

Quelques semaines après mon retour de Charente, j'ai passé une journée en larmes à cause d'une mauvaise nouvelle professionnelle. Inquiète de m'entendre si désespérée au téléphone, Izou est venue chez moi à l'improviste et nous avons appelé Babaji. Il m'a dit qu'il m'envoyait de la patience et du courage. J'espérais qu'il allait évoquer un miracle, une réalisation inattendue, un peu de magie qui me remette du rose aux joues. Mais non, patience. On passe notre temps à vouloir imposer notre rythme à la vie. Elle nous le rend bien.

Alors qu'elle me parlait, Izou s'est emparée d'un rouge à lèvres pour écrire en lettres immenses sur le miroir de mon salon cette phrase de MA : « Tout ce qui arrive, à n'importe qui, n'importe où, n'importe quand, tout est fixé par Lui. » Enchantée par l'extraordinaire liberté de ma tante, j'étais néanmoins un peu troublée de me retrouver avec cette phrase de MA au milieu de mon salon. Mais je ne l'ai pas effacée. Quand je peinais à remonter la pente, je songeais que MA devait me mener vers un sommet plus haut encore puisque tout « est fixé par Lui ». En avoir conscience éclairait ma vie. J'aimais aussi ces mots de MA auxquels je revenais souvent : « Tout au long de la journée, essayez de vous souvenir que vous faites partie de cette Vie plus vaste et que votre travail fait partie d'une activité plus vaste. »

Avant de me quitter, Izou m'a encouragée à être plus attentive. Savoir déceler ces éclats de lumière si peu évidents à l'œil nu semblait être la clé de l'harmonie. Dans l'un des écrits fondamentaux de l'hindouisme, la *Bhagavad-Gita*, j'avais cueilli ce passage : « Quand il fait nuit pour tous les êtres, l'homme du silence s'efforce d'y voir. »

En refermant la porte derrière ma tante, j'ai donc essayé de saisir en quoi cette mauvaise nouvelle pouvait être une aubaine. Bien plus tard, j'allais découvrir que le refus que je venais d'essuyer m'avait conduite vers une opportunité inespérée. Comme

Izou me l'avait répété, près de MA, les choses se réalisent toujours au denier moment, « au-delà de nos espérances ».

Je passais des heures en bibliothèque à faire des recherches sur Melchisédech. Tous les textes que je trouvais étaient unanimes : figure emblématique de la tradition primordiale, il était immortel. Les textes juifs étaient les moins enthousiastes à son sujet et minimisaient son rôle, troublés qu'Abraham se soit incliné devant un non-circoncis.

En quête d'une personne qui m'ouvrirait les portes de Méa Shéarim, je finis par rencontrer Shoula, une femme qui vivait à Jérusalem avec son mari. Elle était née dans ce quartier particulier. Rondelette, un visage bienveillant, maquillée, coquette, elle ne semblait pas du tout épouser le rythme de vie des juifs orthodoxes. À Méa Shéarim, les femmes effacent leur féminité pour ne pas attirer les regards. Elles portent des foulards et des perruques car les cheveux sont des objets de séduction. Elles sont habillées de vêtements larges et sombres, une ribambelle d'enfants à leurs pieds. Shoula, moderne et libre dans ses baskets brillantes, semblait donc être née dans ce quartier par un curieux hasard. Un coquelicot dans un champ de blé. N'ayant pas osé lui avouer que je me rendais à Jérusalem à la recherche de Melchisédech, j'avais prétexté une enquête pour un roman. Alors que je lui demandais seulement d'être mon guide, elle m'invita à vivre chez elle. Sa proposition « au-delà de mes espérances » me fit immédiatement penser à Babaji. Ce voyage se préparait sous les meilleurs auspices. J'étais donc sur la bonne voie. J'avais trouvé un refuge dans cette quête improbable. Je n'osais y croire, mais tout se mettait en place spontanément. Il est très rassurant de vivre en étant persuadé que ce qui arrive est la volonté de Dieu, qu'un sens inconnu nous mène plus haut que nous-même.

Dès le lendemain de ma rencontre avec Shoula, je pris mon billet pour Jérusalem, afin de ne pas me laisser le temps de réfléchir. Je me répétais que le but de ce voyage était fou, surréaliste, et cela même m'encourageait. Je partais un vendredi (Shabbat) 13 (chiffre de l'amour dans la Kabbale) mars (le mois du printemps, donc de l'éclosion). Je cherchais des signes dans le moindre détail pour me persuader que j'avais raison d'entreprendre ce voyage.

Melchisédech pouvait prendre toutes les formes. J'allais donc peut-être le croiser sans le voir. Ou je le verrais, mais il disparaîtrait sous mes yeux. Ou il viendrait vers moi et m'enseignerait autour d'une citronnade. Puis je resterais avec lui jusqu'à la fin de ma vie, cachée dans sa lumière. Mais sans la foi, je ne trouverais rien. Je devais donc croire sincèrement que je pouvais le rencontrer. C'était sans doute le plus difficile.

Izou m'avait conseillé d'être très attentive et de faire preuve de bon sens. Il ne s'agissait pas d'imaginer Melchisédech dans chaque homme à longue barbe et de me jeter à ses pieds. Mais le fait même de partir le chercher, était-ce une preuve de bon sens ? Et pourquoi pas, puisque je suivais les indications de l'Ancien Testament ? Édouard Shuré, dans *Les Grands Initiés*, avait écrit : « Jamais l'âme humaine n'a aspiré plus ardemment à l'invisible au-delà sans parvenir à y croire. »

Mes vertiges ne s'étaient pas tout à fait dissipés. Mais ils avaient évolué. Ils survenaient désormais dès que je ressentais une fausse note. Ils étaient devenus mon sonar. Une présence pesante, une situation qui ne me convenait pas, et je tombais. La veille de mon départ, j'étais allée trouver un ostéopathe. Après avoir passé la main au-dessus de mon corps sans me toucher, il avait décrété qu'en Inde j'avais connu un choc spirituel. Là-bas, je tenais encore debout car j'étais à la source, mais de retour en France, le contraste était trop violent. Il fallait donc que je jongle entre cet éveil et ma vie quotidienne. Selon lui, une fois intégrée, cette nouvelle énergie allait s'épanouir dans tout mon corps. Son discours collait parfaitement à mon intuition. Il m'encourageait à trouver le juste équilibre entre la dimension verticale (spirituelle) et horizontale (matérielle) de l'existence. La vie serait une danse entre ces sphères en moi et à l'extérieur de moi. En m'envolant vers cette quête improbable, j'espérais que j'avais appris à danser…

MELCHISÉDECH

À l'aéroport de Tel-Aviv, les policiers m'ont bloquée à la frontière. Mon passeport affichait des visas pour l'Afghanistan, le Mali et l'Algérie qui contrariaient les autorités israéliennes. Je suis restée plusieurs heures assise bien sagement dans une petite pièce isolée au cas où je serais dangereuse. S'ils avaient connu la véritable raison de ma venue, ils m'auraient jetée dans l'avion du retour pour éviter qu'une illuminée de plus touche leur sol. Chaque année, les hôpitaux de Jérusalem accueillent des touristes souffrant du syndrome de Jérusalem : ils se prennent pour le Christ ou son envoyé et se mettent à prêcher dans la rue.

Après une heure d'attente, une femme et deux hommes en uniforme sont venus vers moi pour m'interroger sur les raisons de mes voyages en Afghanistan et en Algérie. Je leur expliquai que j'étais écrivain. OK. Mais pourquoi là-bas ? Parce que c'est beau. Et fort. Ils m'ont jeté un regard atterré. De plus en plus mal à l'aise, je bafouillais des explications contradictoires. Je devenais suspecte. Je m'en rendais compte et aggravais mon cas. Le regard que les autres portent sur nous nous transforme. Leur méfiance me rendait digne de méfiance. Babaji nous encourageait à ne jamais juger, ni condamner les autres ; à ne pas créer de liens trop serrés avec des personnes sombres, car le regard est contagieux. L'entretien durait. Je rougissais, de moins en moins crédible, même si je n'avais rien à me reprocher. Puis ils se sont éloignés, ont disparu dans une pièce vitrée. Je les voyais discuter, me lancer des regards. J'ai essayé de lire un livre pour me donner un air détaché. Enfin, la femme a quitté le bureau. Je me suis levée. La voix du destin s'approchait de moi. Elle m'a fixée un instant avant de lancer d'un air déçu que je pouvais passer.

Je suis sortie de l'aéroport et j'ai respiré à pleins poumons cette terre pleine de promesses. Bien sûr, au milieu des voitures, je ne sentais que les pots d'échappement. Mais peu importe, j'imaginais des odeurs d'oliviers, d'humus, de sable et d'encens. L'odeur du mystère.

Shoula et son mari vivaient dans une vaste maison située dans la banlieue de Jérusalem. Dès le premier soir, j'ai entrepris de parler avec elle de Méa Shéarim, persuadée qu'elle en connaissait tous les recoins puisqu'elle y était née. Mais elle est partie dans un discours virulent contre les juifs orthodoxes entretenus par l'État et exemptés du service militaire pour se vouer à la prière. Elle m'a avoué qu'elle n'y avait pas mis les pieds depuis des années et détestait cet endroit. Je l'écoutais en souriant poliment pour masquer ma déception. Babaji m'avait dit que je devais trouver un guide. Aucune porte ne s'ouvrirait si je restais seule.

Le lendemain, j'ai admiré longuement le Mur des lamentations. Ces milliers de petits papiers coincés dans les interstices des pierres qui accueillent depuis des siècles des prières, des rêves, des suppliques, des cris, des élans de gratitude, des mots de larmes et de joie. D'un côté les femmes voilées, discrètes, seules ou avec leurs enfants qui étrangement respectent le recueillement de leur mère. De l'autre côté, les hommes presque violents dans leur ferveur. Certains ont dû attendre ce moment toute leur vie. Et, le front collé à la pierre, ils déposent leur âme aux pieds de Dieu. Des chants, des prières et des plaintes peuplent le silence pour porter les pensées les plus secrètes. Le Mur garde la trace du front des hommes en prière. Oui, tant de ferveur peut insuffler de la vie à la pierre.

Ayant beaucoup rêvé de Jérusalem, j'étais déçue de découvrir que, dans le berceau des religions, il était impossible de trouver un peu de paix et d'harmonie. Ici, la foi est une lutte de chaque instant. Une tension sous-jacente vibre dans chaque Lieu saint. Le Saint-Sépulcre est un tel objet de combat entre chrétiens que c'est un musulman qui en détient les clés pour éviter les jalousies. Ici, chaque croyance tente de sauver sa peau ou de s'imposer. Une terre où l'âme est à vif. Une ville qui montre à quel point le mystère est au cœur de l'homme. Pas une personne n'entre dans ces murs sans espérer inconsciemment lier un contact avec une autre dimension, sans avoir l'espoir un peu fou qu'ici les prières les plus secrètes vont prendre corps.

Le premier jour, j'avais évité Méa Shéarim. Trop tôt. J'avais besoin de pistes pour comprendre ce que je cherchais. Et si Melchisédech était symbolique ? Et si Babaji m'encourageait à suivre sa voie, la spiritualité primordiale au-delà des dogmes et non à le trouver physiquement ? Mais alors, pourquoi m'aurait-il parlé de Méa Shéarim ? Dans ce quartier très orthodoxe vivent de grands mystiques. Mais seule et catholique, je ne pouvais pas avoir accès à eux. Alors ? Pourquoi ?

En quête d'un soutien, je suis allée déjeuner à l'École biblique de Jérusalem chez les dominicains. Il était évidemment peu probable que des chrétiens connaissent les arcanes de Méa Shéarim, mais je n'avais pas d'autres repères.

J'ai rencontré un prêtre, bel homme, brillant historien, passionné par cette Terre sainte à laquelle il avait voué sa vie. Je lui ai parlé de Melchisédech et fus stupéfaite de sa réaction. Il m'a expliqué que l'initiateur d'Abraham était une figure christique. Selon lui, Jésus était le nouveau Moïse et le nouveau David qui étaient également des figures christiques. Ce prêtre ne trouvait pas étrange que Melchisédech puisse exister encore des milliers d'années après son apparition dans la Bible à l'époque d'Abraham. Rien de bizarre, car il est écrit dans les Saintes Écritures qu'il était sans généalogie, donc sans commencement ni fin. J'étais abasourdie. Un prêtre éminent de l'École biblique de Jérusalem confirmait les mots de Babaji. Cela était pourtant parfaitement logique, puisque Melchisédech se situait au-delà des religions. Tous les dogmes pouvaient donc se retrouver en lui, leur point culminant. Était-il une énergie et non une personne ? Le prêtre reconnaissait qu'une figure christique était éternelle et pouvait prendre toutes les formes. Si Melchisédech était caché à Méa Shéarim, il devait prendre l'apparence d'un juif orthodoxe. Sinon, ils ne l'accepteraient jamais en leur sein. Pourquoi un être si grand vivrait-il au milieu des orthodoxes noyés dans le dogme ? Le prêtre m'avait aussi conseillé d'aller dans les jardins de l'Esplanade des Mosquées pour « méditer », car c'était un endroit très puissant. Selon lui, Melchisédech avait rencontré Abraham sur l'Esplanade des Mosquées, dans les jardins où Jésus initiait ses disciples. Dans ces lieux sacrés, la magie serait toujours présente.

Encouragée par ma rencontre avec le prêtre, le soir même j'ai avoué à Shoula que j'étais venue à

Jérusalem pour Melchisédech. Je lui ai expliqué longuement qui était cette figure essentielle et énigmatique de la Bible. Elle m'écoutait en épluchant des pommes de terre. Puis le silence. Elle s'est figée, m'a regardée et m'a dit qu'elle était prête à m'aider à le chercher. Elle a jeté ses épluchures dans la poubelle, a posé ses mains sur les hanches et a ajouté : « J'y crois, mais je ne suis pas croyante. » Elle m'avouait ainsi qu'au plus profond d'elle-même, malgré ses grands discours contre les religieux, la présence d'un tel être résonnait, s'imposait. Peut-être qu'une part de nous, intacte, ne cesse jamais de croire aux miracles. Je la sentais fascinée, intriguée par cette quête. Je savais bien qu'elle n'était pas persuadée que j'allais croiser au détour d'une rue de Méa Shéarim le grand initiateur. Mais en elle aussi une petite voix murmurait : pourquoi pas ?

En montant dans ma chambre, je songeais à Babaji qui m'avait avoué un soir : « Tout est miracle. Que l'on vive, que l'on respire, que le corps se développe… Tout cela est miracle. » Il avait laissé ses mots résonner un instant avant d'ajouter : « Mais le vrai miracle semble naturel. » Peut-être allais-je rencontrer Melchisédech de la façon la plus simple du monde. Je serais assise sur un banc, centrée sur lui, et il apparaîtrait en costume de juif orthodoxe pour passer inaperçu. Il me dirait : « Vous m'avez appelé ? », et moi, émue, muette, j'acquiescerais d'un signe de tête. Ou bien je demanderais à un homme de passage s'il connaissait Melchisédech, il me montrerait un arbre où il se tiendrait absorbé en silence dans ses pensées lumineuses. Et je m'inclinerais à ses pieds. Alors il me dirait : Pourquoi me cherchez-vous ? Je répondrais qu'un grand ascète m'avait menée vers lui. Et il répéterait : Pourquoi ? Alors je le fixerais un peu hébétée, oui, pourquoi ? J'avais déjà la grâce d'avoir un guide dans ma vie, pourquoi le chercher, lui ? Alors je répondrais : Pour m'ouvrir à votre lumière primordiale. Il me regarderait en silence, dubitatif. J'ajouterais : Je crois que c'est au-delà des mots, je crois que je ne suis pas encore capable de comprendre. Et hop ! Il disparaîtrait, car si je ne me crois pas capable, pas besoin de perdre son temps. Voilà ce qui pouvait se passer très naturellement.

Le lendemain matin, avant de quitter la maison, Shoula m'a confié qu'il était fort probable qu'on me crache à la figure à Méa Shéarim. Ce n'était pas ma place. Je la remerciai de m'avoir prévenue et me dirigeai à pas lourds vers le quartier orthodoxe.

Méa Shéarim signifie « les cent portes », car c'est un lieu replié sur lui-même qui peut être clos en cas de guerre. Là, se réfugient les orthodoxes, les synagogues, les écoles juives. Une sorte de monastère géant familial : loin d'intimer la chasteté, il s'agit d'enfanter le plus possible pour préserver la tradition. Les étrangers ne sont pas bienvenus, souvent les enfants leur jettent des pierres.

Méa Shéarim était sinistre. Comment un être de lumière pouvait-il se cacher dans un tel lieu ? J'avais l'impression d'évoluer dans un film en noir et blanc. Des papillotes bouclées entouraient le visage blafard des hommes. Couverts de leurs chapeaux ou de leurs kipas, ils étaient enveloppés dans des manteaux noirs. Les petits garçons aux crânes rasés ne couraient même pas dans les rues piétonnes. Leur tradition semblait leur avoir enlevé les couleurs de l'enfance. Les femmes, portant des perruques ou des foulards pour dissimuler leurs cheveux, se cachaient dans des robes larges, sans éclat. Visages tirés, épuisés. Elles avaient chacune une dizaine d'enfants qu'elles élevaient dans de minuscules appartements. Soit elles étaient enceintes, soit elles venaient d'accoucher, soit elles croulaient sous les rides. Une vie de dévotion à leur famille pour Dieu. Mères, épouses du devoir, ces femmes semblaient avoir renoncé à leur féminité, et pourtant on voyait leurs dessous et leurs bas sombres sécher aux fenêtres des maisons blanches. La vie qui prend le dessus.

Les yeshivot où se réunissent les orthodoxes pour étudier ressemblent à des prisons. Barreaux aux fenêtres, rideaux tirés. Seul importe le soleil des textes sacrés et le ciel en soi. Si un homme né au sein d'une famille orthodoxe décide de construire sa vie hors de la tradition, il est mort pour sa famille.

Une immense tristesse semblait recouvrir ces vies à l'écart du monde, repliées sur leur foi. Impossible que Melchisédech se cache ici. Auprès de Babaji, j'avais compris que les grands êtres installent la joie autour d'eux. Elle est palpable, évidente, même en leur absence. Aurais-je mal compris ses indications ? M'aurait-il laissée partir pour que je fasse mes propres expériences ? À moins que ces hommes et ces femmes ne cachent leur lumière aux yeux des étrangers ? Je savais que leurs fêtes religieuses étaient radieuses, presque extatiques. Les hommes dansaient pendant des heures sur des musiques sacrées. Ma quête semblait de plus en plus improbable. Je partageais par téléphone mon désarroi avec Izou qui me répondait : si tu es sincère, cherche. Étais-je assez sincère ? N'était-ce pas plutôt la curiosité et la joie d'un nouveau départ qui m'avaient conduite à Jérusalem ? Étais-je assez mûre pour croire en l'impensable ?

Le lendemain, Shoula m'a accompagnée à Méa Shéarim, décidée à m'aider à trouver l'initiateur d'Abraham. Elle s'était déguisée en juive orthodoxe, jupe longue et noire, chemise grise, châle sur les épaules. Mais elle s'était aussi minutieusement maquillée, comme s'il s'agissait là d'un acte de rébellion. Elle interpellait les hommes dans la rue devant les centres d'études de la Torah et du Talmud, les yeshivot, en leur demandant s'ils connaissaient

Melchisédech. Ils passaient précipitamment leur chemin. Quand Shoula a hélé un jeune homme d'une vingtaine d'années, qui nous a tourné le dos, je lui ai expliqué qu'il était peu vraisemblable que ces hommes répondent à des inconnues. Elle a alors proposé une autre tactique et m'a tirée vers une bijouterie tenue par une Française qui avait épousé la voie des juifs orthodoxes. Pour ne pas l'inquiéter, nous nous sommes contentées de lui poser des questions sur son mode de vie. Elle fixait Shoula en lui vantant les mérites de sa tradition, comme si elle cherchait à la sauver. Professorale, elle nous a expliqué que son devoir était de nous enseigner la bonne parole. Il ne s'agissait pas pour elle de nous convaincre, mais d'ouvrir une brèche dans nos âmes corrompues. Ni croyante, ni pratiquante, Shoula est entrée dans une telle colère que nous avons dû quitter la boutique.

J'ai alors compris la signification des mots d'Izou : si tu es sincère, cherche. J'avais fait une erreur en mêlant Shoula à ma quête. Elle n'était pas sincère. Du coup, toutes les portes se fermaient et les rencontres devenaient infructueuses. Mon entreprise l'amusait mais il n'y avait pas d'amour puisqu'elle rejetait la dimension divine de l'existence. Étrangement, son comportement excessif, agressif m'aidait à retrouver la foi car je sentais l'immense décalage entre une personne qui vise le ciel et une autre qui se débat dans les méandres de la vie matérielle. Ces juifs orthodoxes si angoissants au premier abord devenaient émouvants dans leur désir de maintenir à tout prix leurs croyances intactes malgré les agressions et les tentations du monde extérieur. Et si, en effet, dans ce quartier coupé du monde, étaient gardés précieusement des secrets millénaires ? Et si cette vie cloîtrée protégeait un mystère qui nous échappe ? Shoula m'avait quittée après la désastreuse entrevue dans la bijouterie. Je déambulais donc seule dans les rues, admirant le spectacle de cette existence à laquelle je n'aurais jamais accès.

Très vite, j'ai quitté le quartier des fous de Dieu, consciente que je manquais de ferveur et de concentration. Assaillie par une terrible migraine, désespérée, je me répétais ces mots de MA pour me donner du courage : « Soyez ancrés dans la patience. Supportez tout, demeurez en contact avec Son Nom et vivez joyeusement. »

Une heure plus tard, alors que j'étais assise à la terrasse d'une bicoque ultra-touristique de la vieille ville devant une pizza immangeable, un homme est venu vers moi. Il avait une quarantaine d'années, le visage hâlé, les cheveux coupés court et le regard noir. Il m'a seulement dit : « Vous décidez de votre vie. Si vous n'obtenez pas ce que vous désirez, c'est que vous n'avez pas assez cherché. » Puis il est parti. Alors j'ai cru à un message tombé du ciel. Je ne savais pas chercher. Je manquais d'intensité. Babaji soutenait qu'un désir devait avoir la même puissance que le laser. Droit, puissant, aucune dispersion.

Alors seulement il atteindrait son but, et plus encore : il le sublimerait. Il aimait répéter les mots de Jésus qui s'exclamait : « Soyez froids ou chauds, si vous êtes tièdes, je vous vomis[1]. »

Après dix jours de quête infructueuse, je me suis assise sur un banc de Méa Shéarim, sous un arbre chétif, entouré d'un grillage. J'ai longuement contemplé cette vie silencieuse, insaisissable et mystérieuse, qui défilait sous mes yeux. J'essayais de ne pas juger. Simplement voir, sans réfléchir. Et soudain, j'ai compris. Babaji m'avait envoyée à Jérusalem pour me relier à l'énergie de Melchisédech et non pas pour discuter tranquillement avec lui autour d'une tasse de thé. À travers la figure de Melchisédech, il me poussait à me tourner vers la vraie mystique, primordiale, lumineuse, essentielle, au-delà des dogmes. Il répétait souvent que, dans une quête spirituelle, nous devions prendre un support dont notre inconscient était marqué. C'était le cas avec Melchisédech, figure biblique, roi de Jérusalem, berceau de ma tradition religieuse. En me poussant à chercher physiquement l'initiateur d'Abraham, il me mettait en chemin.

Avant de quitter Jérusalem, je suis retournée déjeuner chez les dominicains qui m'ont demandé avec un sourire en coin si j'avais trouvé Melchisédech. J'ai

1. Apocalypse 3, 16.

répondu par l'affirmative en montrant mon cœur. Ignorant ma réponse, ils ont ajouté que j'allais finir bonne sœur. Mieux valait cela selon eux que d'être « une vieille fille mystique un peu barge ». Pour eux, l'idéal était quand même que je me marie et que j'aie des enfants. En somme, une femme devait porter le voile ou des enfants. Aucune autre voie au bonheur. Outrée par leurs propos, je me suis lancée dans un long discours inspiré sur la liberté de la femme, la passion, l'amour fou plus exaltant que l'ennui de l'engagement. En réalité, je pensais à Babaji qui n'avait cessé de me parler d'amour et de la beauté d'un partage en profondeur avec un homme. Il était peut-être temps d'apprendre ce don-là…

Le prêtre historien avec lequel j'avais longuement parlé le premier jour est revenu me voir. Il a soutenu qu'il aurait été impossible que Melchisédech m'approche s'il vivait à Méa Shéarim. J'ai répondu par ces mots de Napoléon : « Impossible n'est pas français. » Il a souri gentiment pour ne pas me contrarier. Je n'ai pas osé lui avouer que je ne cherchais plus Melchisédech. J'avais compris pourquoi j'étais partie. Il vivait peut-être au cœur des cent portes, peu m'importait. D'une certaine façon, je l'avais rencontré en moi, assise sur un banc, sous un arbre, face à une yeshiva de Méa Shéarim.

En route pour l'aéroport, j'ai tourné le dos à la Ville sainte sans regret. S'approcher d'un être tel que Melchisédech était l'histoire d'une vie. Peut-être un jour allais-je parvenir à résoudre l'énigme de sa présence intemporelle. Ou pas. Peu importait, désormais, j'étais en chemin. Dans le bus, j'ai relu *Le Maître des lumières*, et découvert ces mots qui venaient fermer en beauté les portes de Méa Shéarim : « Regarde les lumières…/Regarde à l'intérieur des lumières…/Monte et monte/Car tu possèdes une force puissante/Tu as des ailes de vent,/ De nobles ailes d'aigle…/Ne les renie pas de peur qu'elles te renient./Recherche-les et immédiatement, elles te trouveront… [1] »

---

1. Baal Haorot, *Le Maître des lumières*, Urot Haqodèch, I, 64. Extrait de l'ouvrage *Mystères de la Kabbale*, de Marc-Alain Ouaknin.

GUÉRIR

De retour à Paris, j'ai appelé Babaji pour lui raconter mon séjour à Jérusalem. Il m'a répondu : « On ne cherche pas des êtres comme Melchisédech, ils apparaissent. » Sous le choc, je n'ai su que répondre. Puis j'ai réalisé quelque chose d'inouï : il ne m'avait jamais demandé de partir en quête du grand initiateur. Il s'était contenté de me donner des indications et de me parler de lui. Il ne m'avait évidemment pas empêchée de partir. Ce n'était pas son rôle. Il m'ouvrait les yeux sans rien m'imposer. J'avais donc passé deux semaines à arpenter Méa Shéarim et à scruter des hommes à papillotes pour comprendre que je ne le trouverais pas en le cherchant ; mais en apprenant la sincérité, l'intensité, la foi, et en installant en moi un peu de lumière.

Deux semaines plus tard, j'ai appelé Babaji en me plaignant du manque de progression de mes activités professionnelles. Il m'a alors conseillé de demander dans chaque action la grâce divine. Ce qui ne se réalise pas peut être le signe que ce n'est pas bon pour nous. Une grâce ou la sanction de ne pas avoir donné mon action à Dieu ? Ses paroles me semblaient logiques. Tout ce qui sert la matière est perdu puisque tout passe. Mais tout ce qui sert le divin nous élève puisque l'âme est éternelle. Vouer son action au divin, c'est lui donner un sens, quel que soit le résultat.

Le lendemain de ma discussion avec Babaji, notre famille et nos amis proches se rassemblaient autour de mon père pour la remise de sa Légion d'honneur. Il avait été en effet un député, puis un sénateur passionné. Malgré son engagement, sa foi, il n'avait pas été réélu. La Légion d'honneur était une reconnaissance. Avant la renaissance. Les mots de Babaji prenaient tout leur sens. La vie est un va-et-vient. Ce qui nous échappe est peut-être notre salut. Malgré sa déception, mon père avait parcouru un chemin que son discours révélait. Ayant jeté un regard lucide sur son passé, il avouait : « Mes coups de gueule sont des coups de cœur », avant d'achever son discours par : « L'essentiel c'est d'aimer. Peut-être est-ce ce qu'il y a de plus magnifique et de plus difficile au monde. » Et il regardait ma mère. Une déclaration d'amour publique pour aller au-delà du deuil qu'ils apprenaient chaque jour à surmonter ensemble. Le soir de la disparition de mon frère, quand nous avions appris qu'il ne respirerait plus à l'aube, mon père était venu me voir et m'avait dit :

« Qu'est-ce que va devenir ta mère ? » Puis j'étais allée trouver ma mère qui avait murmuré : « Qu'est-ce que va devenir ton père ? » Ce qu'ils deviennent ? Un homme et une femme qui marchent main dans la main. Malgré tout.

Quelques jours plus tard, un ami m'avouait qu'il était prêt à mourir. Il avait trente-six ans. Mais, selon lui, il avait trop brûlé en se vouant corps et âme à la route. Il m'avait lancé avec force : « Ma vie va me tuer. Quand j'ouvre la porte de chez moi, à mes retours de voyage, je mets la clé dans la serrure et je respire : encore vivant. » Il noyait sa vie rêvée de vagabond dans l'alcool. Il cherchait à taire dans un verre une colère que l'ivresse attisait. Pourtant, il avait effleuré les plus beaux horizons de la planète. Les sommets, les défis, l'ailleurs enchanteur ne le rassasiaient plus. Rien ne l'apaisait. Même l'amour ne lui suffisait plus puisque la femme désirée était revenue. Je lui avais répondu qu'il était bon pour le couvent. Il n'en semblait pas convaincu. Pourtant, sa confession trahissait une aspiration plus haute que la terre. L'enseignement de Babaji devenait encore plus évident : impossible de trouver la véritable joie hors de soi-même. En quittant cet ami, je lui avais déclamé les mots de Robert Browning : « Il faut vouloir saisir plus qu'on ne peut étreindre, sinon pourquoi le ciel ? »

Qu'aucun de mes projets ne voie le jour devait m'être très bénéfique sur un plan spirituel, mais ma banquière ne voyait pas vraiment les choses sous cet angle. J'ai fait part de mes inquiétudes à Izou qui m'a répondu que l'argent était de l'énergie divine. Lorsqu'on n'est pas dépendant financièrement, on a la liberté d'affirmer sa vie sans devoir demander quoi que ce soit. L'argent rend libre quand il vise le don et non la matière. Elle a ajouté : « On est responsable de l'argent qu'on gagne. Il faut qu'il ait un sens, qu'il serve une cause. Quand tu en auras, n'oublie jamais que cet argent n'est pas à toi. Une énergie divine qui donne liberté et pouvoir. Mais pour Dieu. » Tout ce que l'on reçoit nous donne donc des devoirs. Et non des droits. J'avais toujours ressenti plus de joie à offrir qu'à recevoir. Peut-être par orgueil. Pour ne pas me sentir redevable. Qui vise la main que l'on tend ? Soi-même. Un homme de passage à Kankhal avait dit à Babaji qu'il y avait encore de l'ego dans le fait de donner puisque cela nous comble en nous offrant une bonne image de nous-même. Babaji avait répondu que tant que nous vivions dans le monde, il nous restait de l'ego, alors tant mieux s'il nous servait à faire le bien. Mais, avait-il ajouté : « On donne en vain quand on ne donne pas avec tout son cœur. Quand on donne mal, on reçoit mal. L'autre nous en veut. »

Les paroles d'Izou ce jour-là m'ont beaucoup marquée. Car cette femme qui a voué sa vie à Dieu, à MA, à ses Sages, cette femme qui s'est mise entièrement au service de l'absolu et qui rayonne de ce don est aussi une travailleuse infatigable, efficace, rapide, alerte. L'argent qu'elle gagne sauve des vies, alors elle ne peut se permettre un faux pas. Même en vivant à l'écart du monde, ancrée dans la réalité, pleine de bon sens, elle incarne parfaitement l'enseignement de Babaji : la tête dans le ciel, les pieds sur terre. Il refusait qu'on vienne le voir au détriment de notre travail. Ce jour-là, Izou me donnait un enseignement précieux : viser Dieu, c'est aussi donner le meilleur de soi dans les choses matérielles. À condition de rester dans un esprit de service.

Lors d'un dîner parisien, une femme a raconté qu'un homme l'avait arrêtée au milieu d'une discussion pour lui dire : « Assez parlé. Maintenant, que pensez-vous de moi ? » Après cette histoire, tout le monde autour de la table avait évoqué des banalités sur la différence entre les hommes et les femmes. Je m'ennuyais sérieusement et éprouvais une horrible sensation de solitude. Une incapacité viscérale à jouer le jeu. J'ai alors pensé à ces mots merveilleux de Babaji : « Étudier comment fonctionne le monde pour trouver le moyen de n'y être plus empêtré. Plus on se débat, plus on est empêtré. Se demander comment et pourquoi on est empêtré ; aller chercher à la racine et non lutter. Quand on observe, on voit toujours une porte de sortie. Prendre assez de distance pour la chercher. Il y a toujours un moyen de s'en sortir. En général, on s'empêtre soi-même. Si on n'est pas assez calme pour prendre de la distance, prier Dieu avec intensité. » Mon voisin m'a demandé à quoi je pensais, je lui ai répondu :

– Aux fées en Bretagne.

– Tu y crois ?

– Évidemment.

– Tu es folle !

– Lucide.

Puis je lui ai raconté des histoires de fantômes que j'avais apprises lors d'un reportage que je venais de réaliser pour *VSD* sur les châteaux hantés. Il m'a avoué ne pas être croyant, mais il ne demandait qu'à croire aux miracles. Je n'ai pas osé lui parler de Babaji qui soutenait que nous pouvions être spirituels sans croire en Dieu. Il suffit de se vouer à plus haut que soi. Tous les enfants croient aux fées, aux elfes, aux anges, car ils sentent qu'ils existent. Puis ils réfléchissent avec leur intelligence et non leur âme, alors ils oublient que leur vie a pris racine dans la féerie.

Le lendemain de cette étrange soirée, j'ai appelé Babaji pour lui faire part de ma difficulté à avoir une vie sociale depuis que je l'avais rencontré. Afin de me montrer qu'il ne fallait pas craindre de bouleverser ses fondations, il m'a raconté une histoire :

Un grand bandit veut partir à la retraite et demande à son fils de prendre la relève. Il lui dit : « N'écoute pas la parole des Sages car ils font la morale et si tu as l'impression de faire le mal, tu auras peur et tu seras pris par la police. » Un jour, le jeune bandit croise un *Pandit* et il entend par hasard ces paroles : « La vérité ne fait pas d'ombre. Si tu vois l'ombre des pieds à la tête, c'est un tricheur. » Le bandit poursuit sa route. Alors qu'il prépare un gros coup, il fait une prière à la déesse Kali pour lui demander de le protéger et lui promet en échange un collier de diamants. Un autre voleur entend sa prière et attend qu'il revienne pour s'emparer du collier. Le bandit qui a réussi son larcin oublie de faire son offrande à Kali. Alors, le voleur prend le déguisement et les attributs de la déesse et entre dans la maison du jeune bandit. Toute la famille s'enfuit et prend peur. Le faux Kali hurle : « Tu ne m'as pas offert le collier de diamants, je vais te punir », et il brandit son sabre. Le bandit allume la lanterne en repensant aux paroles du Sage. Il voit l'ombre des pieds à la tête du faux Kali et lui dit : « Tu es un tricheur. » Le voleur s'enfuit en courant. Le bandit réalise alors qu'une seule parole d'un Sage a réussi à lui sauver la vie. Peut-être alors qu'un véritable enseignement pourrait le mener vers la vérité. Il transforme son existence et devient un saint homme.

Babaji a achevé son récit par ses mots : quand il y a l'intensité, tout est possible...

Après m'avoir conté cette histoire, Babaji m'a avoué qu'il y avait beaucoup de touristes le soir auprès de lui, à l'heure du *darshan*. Je lui ai demandé s'il n'était pas trop fatigué. Il m'a répondu : « Comme un poisson dans l'eau. » La fatigue est devenue un état naturel. Il nage donc dedans, sans s'en préoccuper. J'ai insisté :

– Mais ces dizaines de personnes tous les soirs qui vous assaillent de questions doivent vous épuiser.

– C'est mon métier.

– Vous pourriez prendre votre retraite.

– Il paraît que j'ai l'âge.

Quatre-vingt-quinze ans. MA lui a donné comme mission d'accompagner les Occidentaux qui viennent en Inde en quête de sens. Il lui obéira jusqu'au bout. Il n'écoute pas la souffrance. Un détail. Il est sur terre pour donner sa lumière.

Après avoir raccroché, je suis restée un moment immobile, le téléphone à la main. Je l'imaginais dans sa petite chambre meublée d'un lit de bois sans matelas, d'un placard et de la photo de MA. J'imaginais sa fenêtre ouverte sur la rue bruyante et le silence en lui. Puis Pushparaj qui se glissait discrètement près de lui pour l'aider à se coucher. Leurs gestes précis, immuables, des mots silencieux à la lumière d'une petite lampe. Enfin Babaji, allongé, les yeux clos, seul, sans sommeil. Izou m'avait avoué qu'il ne dormait presque pas. La nuit, il partait en voyage dans un rêve éveillé, fondu dans l'univers, en état de méditation constant.

Mes vertiges étaient revenus. Personne n'avait réussi à les supprimer même s'ils s'étaient atténués. Prête à tout pour guérir, je décidai d'aller voir une *shaman*.

J'ai frappé à la porte d'un vieil immeuble du Marais. Une jeune femme de trente-sept ans, brune, ardente, habillée de bottes péruviennes, m'a ouvert. Je m'étonnais qu'elle soit si jeune et semble si « normale » et moderne à la fois. Pas du tout l'image que je me faisais d'une femme qui absorbe des plantes hallucinogènes pour converser avec les esprits des bois. Dès que je suis entrée dans la pièce sombre où elle consultait, elle m'a dit que cette séance était importante pour elle car « là-haut », ils voulaient que je guérisse. Tant mieux. Elle m'a fait asseoir sur des coussins au centre d'un carré formé par quatre boules de cristal qu'elle a changé de place à plusieurs moments. J'étais entourée de cristaux venus du Pérou, d'Égypte et du Mexique. Chacun contenait des codes magiques. Elle a fermé les yeux et s'est mise à respirer très fort. Possédée par une force inconnue, ma tête et mon corps tournaient, incontrôlables. Enfin, elle s'est arrêtée, m'a regardée profondément et m'a dit : « Vous êtes hypersensible. En connexion avec un monde invisible trop puissant qui vous déconnecte et vous empêche de vous ancrer. Ce qui se manifeste est destiné à être transformé. » Je lui ai raconté que les symptômes avaient commencé en Inde. Elle s'est exclamée : « Ah, je l'avais bien senti ! Vous avez reçu un choc énergétique qui a réveillé la mémoire magique que nous portons tous en nous. Et vous ne savez pas encore la gérer. » Pour m'aider à gérer ma mémoire magique, elle a chanté en tapant en rythme sur son tambour. Mon corps s'est remis à tourner sans moi. J'étais très étonnée d'être là, en plein Paris, incapable de contrôler mon corps qui se déchaînait face à cette *shaman* si jeune encore. Elle s'est baissée vers moi et a chanté dans mon dos. Le son s'est propagé le long de ma colonne vertébrale. Puis elle s'est plantée face à moi et a affirmé que je m'approchais de ma véritable dimension. Je lui ai alors demandé si ma véritable dimension était de devenir une mauviette qui avait des vapeurs à longueur de journée. « Oui, c'est votre chemin. Car vous êtes en mutation », a-t-elle répondu. Elle semblait épuisée et ne cessait de répéter que « là-haut » ils me protégeaient. Alors j'ai pensé à MA et à Babaji, heureuse d'imaginer que les crises que je traversais devaient me mener à eux. Elle m'a demandé si j'avais un enfant. Non. Elle a ajouté que j'allais bientôt en avoir un car elle sentait une petite âme autour de moi qui voulait s'incarner. Je lui ai répondu qu'il faudrait peut-être que je trouve un père. « Ça ne va pas tarder », a-t-elle affirmé. Babaji m'avait déjà parlé de ce petit garçon qui allait bientôt naître. Izou m'avait avoué qu'il arriverait dans des conditions particulières, inattendues, que je devais me préparer. Cette idée m'effrayait car je restais incapable d'aimer.

Avant de nous quitter, la *shaman* m'a dit que j'étais en lien avec Melchisédech. Stupéfaite, je me suis exclamée :

— Vous le connaissez ?

— Oui, il est un de mes guides les plus importants. Il vient souvent me visiter pendant que je fais des soins. Je vous sens reliée à son énergie.

Pas du tout convaincue qu'une *shaman* puisse guérir mes vertiges, ma mère m'a poussée à aller voir un psychologue. Je refusai. Elle m'a tellement suppliée que j'ai fini par accepter.

J'entrai dans une grande pièce lumineuse, pleine de livres qui me rassuraient. J'ai expliqué à cet homme rondouillard, chauve et jovial comme un petit bouddha, l'étrange mal que je subissais. Il m'a répondu que je peinais à m'ancrer et que lorsque je n'acceptais pas ce que je vivais, je tombais pour m'échapper. Je lui ai répondu : « Ce n'est pas si mal en fait comme solution. » Il m'a souri avec compassion et m'a fait répéter en boucle : « Je suis dans mon corps physique. » J'ai alors compris que cela m'ennuyait prodigieusement d'être dans mon corps physique. Avant de rencontrer Babaji, je m'échappais dans les bras des hommes ; depuis que je le connaissais, je m'échappais par la méditation et les vertiges.

Il m'a ensuite fait parler de mon frère et m'a dit : « Ne pensez-vous pas qu'il a quitté son corps pour vous empêcher de le faire ? » J'ai fondu en larmes, surprise d'entendre une phrase aussi juste. À six ans, j'avais décidé de fuir par le théâtre, rejetant la vie telle qu'elle était, persuadée qu'il fallait la sublimer pour la supporter. Plus tard, j'ai trouvé refuge dans le désert. Une terre qui porte le rêve. Mais rien ne me retenait. Mon frère m'avait forcée à chercher avec encore plus d'intensité. Babaji m'avait sauvée.

Le psychologue a attendu que je m'apaise, puis il a enchaîné :

– À quoi a servi la mort de votre frère ?

– À me réveiller.

– Et alors, où en êtes-vous maintenant ?

– Au début du chemin.

– Que pense votre frère de ce qui vous arrive ?

Comment voulait-il que je sache ? J'ai répondu par ce qui me passait par la tête :

– Ça le fait marrer ! Pour une fois, c'est moi qui flanche.

Enfin, il a prononcé son verdict : je tombe car une part de moi refuse d'éclore. Par peur. Peur de me tourner radicalement vers cette lumière inconnue que j'ai découverte en Inde.

Troublée par cet entretien, en rentrant chez moi, je trouvai ce passage de MA qui donnait un sens à ce que je traversais : « Être attiré, c'est être transformé. Chaque fois que vous êtes attiré par une personne ou un objet ou une pensée, vous êtes obligé de sacrifier quelque chose de vous-même. Et il ne vous sera rendu que dans la mesure où vous aurez abandonné ; c'est une loi de la vie. Tout obtenir et ne rien sacrifier ne correspond pas à la réalité. » En essayant de suivre l'enseignement de Babaji, en subissant ces vertiges, en découvrant une fragilité et une soif nouvelles, je sacrifiais l'idée que je me faisais de moi-même.

Belle-Île-en-Mer est devenue mon repère. Tout ce que Babaji semait en moi au bord du Gange semblait éclore face à l'Atlantique. J'allais chaque matin courir sur la falaise au-dessus du port de Sauzon, les yeux rivés à la mer qui claquait dans le jour naissant. Les mouettes dansaient au-dessus des vagues dans des cris stridents tandis que la terre s'éclairait doucement. Comment ne pas être profondément heureux quand on s'éveille avec cette mer tellurique ? Après avoir couru avec le soleil, je me dirigeais vers une petite forêt de pins qui surplombait la mer au bord de la falaise et je rejoignais mon arbre que j'avais surnommé Melchisédech. Je l'enlaçais en contemplant le soleil s'immiscer entre les branches échevelées, secouées par le vent. Puis je posais mon front contre le tronc et demandais à mon arbre : « Quelle est ta prière ? » Il ne me répondait pas. Mais je m'en moquais car je me répétais aussi ces paroles de MA : « Demeurez dans l'ombre des arbres, ces chercheurs de Vérité qui n'appellent ni ne rejettent personne. Écoutez-les. » Alors j'écoutais le vent dans les branches en admirant ce pin qui tenait bon, tourné vers l'horizon, silencieux et digne. Dans ces moments de grâce, je n'avais qu'un seul désir : vivre au service de la nature, en adhésion avec son mystère. En évoquant -Swarupananda, son maître, Pushparaj m'avait confié sa prière la plus intime : devenir le rêve de Swarupananda. Je songeais qu'il serait beau que l'homme devienne le rêve de la terre.

Sur le chemin du retour, indifférente au froid, je retirai mon sweat afin de sentir l'air sur ma peau et répondre ainsi au vœu du MA : « Essayez toujours de passer autant de temps que vous pouvez à l'air ouvert, gardant le corps aussi nu que possible. Contemplez avec le cœur content les montagnes élevées ou le vaste océan, et vos mots seront francs et libres. Si vous ne pouvez pas faire cela, jetez au moins un coup d'œil au ciel ouvert dès que vous en avez la chance. Petit à petit, les nœuds rigides qui créent vos agitations seront perdus et vous vous trouverez vous-même devenir de plus en plus libre. »

Pour la première fois, je quittai Belle-Île sans tristesse car je préparais un nouveau voyage en Inde.

Mes vertiges avaient presque disparu, j'imaginais donc que j'avais franchi un cap.

Avant de retrouver Babaji, je projetais de passer quatre jours à Bénarès. J'avais non seulement prévu de découvrir cette ville sainte fascinante, mais aussi l'*ashram* de MA dans lequel Babaji avait vécu plusieurs années. Malgré ma joie de pénétrer enfin dans Bénarès, je suis partie en colère car Babaji avait insisté pour que je sois accompagnée de Pushparaj, refusant que je voyage seule en Inde. Une fois de plus, il contrait mes désirs afin de tuer l'ego. Déprimée quand j'avais appris que je devais être chaperonnée, je m'étais mise à tirer les runes pour tenter de m'apaiser. J'ai tiré la rune de la patience. Le message constant de Babaji. Je ne pouvais même pas douter tranquillement. Tout me ramenait à lui, même quand je m'en éloignais. MA disait : « Que désirez-vous ? Quel est votre souhait ? [...] Afin de saisir ce qu'on veut, on doit libérer son esprit des chaînes de l'orgueil, du désir de notoriété, de la colère et du chagrin, de l'amour-propre et finalement de la volonté personnelle qui fait croire à quelqu'un qu'il jouit du libre arbitre dans toutes ses actions. » Je découvrais en effet que je ne décidais de rien. Je me contentais de lancer mes rêves comme des bouteilles à la mer. Seuls les plus sincères parviendraient au rivage. Je n'avais en effet rien décidé d'essentiel dans ma vie. Tout s'était imposé.

BE HAPPY

Réveils bénis, éclairés par cette première pensée : je pars.

J'ai passé deux heures en transit dans un petit hôtel de Delhi, défraîchi, comme s'il était déjà un souvenir avant même d'y avoir vécu. À l'aube, le toit de l'hôtel était plongé dans la brume accrochée aux innombrables fils électriques qui pendaient, emmêlés. Ils évoquaient les cauchemars de la ville échappés des maisons. Un hôtel de routards où on ne fait que passer entre deux ailleurs. Un lieu hors de nous dans lequel on parle tard, indifférents aux heures qui ne comptent plus. Je savourais cette halte de brume avant la ferveur de Bénarès.

Sur la route qui menait à l'aéroport, un immense éléphant marchait sur le trottoir. Une ombre puissante, seule et belle. Ce seigneur de la jungle peinturluré ressemblait à une farce des hommes qui imposent leur puissance pour masquer leur médiocrité. L'éléphant restait digne et supérieur à notre agitation de fourmis. Déraciné, maquillé, plongé en milieu hostile au cœur d'une autoroute, il marchait droit, lentement, fier et inébranlable. Il était au-delà de ce que la vie avait fait de lui. Cet éléphant qui suivait sa voie, paisible au cœur de la fièvre des hommes, semblait illustrer cette phrase de MA : « Le monde n'est qu'une auberge de passage. »

À Bénarès, j'avais été installée par l'*ashram* de MA dans un charmant hôtel à l'extrémité des *ghats* face au Gange. Dans ce coin si tranquille, face à ce paysage sacré depuis des millénaires, je vivais un enfer : à Talsi Ghat où je logeais, se tenait une soirée techno avec des danseurs déchaînés et des chanteurs surchauffés. La ville la plus sacrée en Inde abritait une *rave party*, comme si la modernité voulait taire ces milliers de prières qui endormaient et réveillaient le Gange. À l'endroit même où des Indiens enragés déambulaient sur cette musique sauvage avait vécu un Sage immense, Baba Hari Dass, silencieux pendant cinquante ans. Alors que j'avais rêvé de *mantras* qui berceraient ma première nuit dans la ville sainte, je sombrais dans des airs de techno qui me vrillaient le crâne. J'étais harcelée par ces Boum Boum Boum continus, comme si le cœur de la terre se mettait à battre exagérément. MA disait : « Dieu donne des instructions de toutes les façons. On peut apprendre des arbres, des animaux. Le gourou est partout présent. » Cette *rave party* en terre sainte avait donc quelque chose à m'apprendre : trouver en moi un autre silence. J'en restais incapable.

Le lendemain matin, après avoir longuement marché sur les *ghats* au milieu des buffles, des *sadhus* extatiques qui fumaient le *shilom*[1], des corps couverts de cendres et des mères de famille qui lavaient leur linge en public, je me suis dirigée vers l'*ashram* de MA où Babaji l'avait rencontrée. Une belle bâtisse au bleu passé par le soleil, face au Gange. En y pénétrant, on changeait de monde. Même si les bruits de la rue parvenaient jusqu'à nous, on entrait dans le silence. Ces murs disent la paix que MA avait offerte à ce lieu par sa présence. Au centre de la cour, un temple protégeait les ruines d'un temple dédié à Shiva, découvert lorsqu'ils avaient défriché le terrain pour construire l'*ashram*. Une terrasse fleurie donnait sur les *ghats*. Au loin, la plaine inhabitée où déambulaient les troupeaux dans une brume de chaleur qui les rendait irréels. Dans la cour, des objets oubliés jonchaient le sol. À l'entrée, on pouvait méditer face à un temple dédié à MA où l'on admirait son sourire extraordinaire sur une grande photo éclairée par des bougies. Dans l'ancienne chambre de MA, des jeunes filles de l'école de l'*ashram* triaient des photos dans une joie enfantine.

1. Pipe à haschisch.

De l'autre côté du temple dédié à MA, à l'entrée, se trouvait une petite pièce éclairée d'un néon, une table en bois couverte de dossiers, et derrière cette montagne de paperasse, le grand Panuda. Dans cette pièce minuscule, ce fidèle disciple de MA travaillait le jour à son bureau puis se retournait le soir venu pour s'allonger sur une planche de bois. C'est lui qui dirigeait l'*ashram* et l'hôpital de MA. Cet homme charismatique, au visage fin, vêtu d'un panjabi blanc, était l'un des plus proches disciples de MA. Il n'avait pas le regard laser de Babaji, mais des yeux tendres et doux. Sa porte était toujours ouverte afin qu'il puisse voir défiler sous ses yeux la vie de l'*ashram*, paisible, comme enchantée. Mais il n'était pas facilement accessible. Son humilité intimidait. Sa puissante beauté fascinait. Son habileté, sa vivacité, le sourire au bord des lèvres déconcertaient car on faisait face à un homme sans âge.

Alors qu'il se levait pour m'accueillir, je me suis prosternée à ses pieds en signe de respect. Il s'est écrié : « Non, pas à moi, je ne suis pas un Sage, je suis un être comme vous. » Je savais à quel point MA l'aimait. Je savais qu'il l'avait suivie toute sa vie et qu'il était reconnu par tous comme un Sage. J'ai répondu : « Pas pour moi. » Il m'a aidée à me relever. Je voulais l'interroger sur MA, mais il ignorait mes questions. Peut-être ne livrait-il pas si facilement le trésor de son âme. Babaji nous avait raconté que lorsqu'on avait demandé à un grand écrivain proche de MA de parler d'elle, il avait répondu : « La seule chose que je puisse dire est MA MA MA MA MA. » J'espérais que Panuda serait plus prolixe.

Sans insister, je me suis donc retirée en me souvenant des mots de MA : « Rien ne doit être forcé. Il suffit de favoriser un bon climat et vos proches se développent spontanément. Le fruit le plus succulent est celui qu'on laisse mûrir tranquillement sur sa branche. » Je revins néanmoins le lendemain. La douceur et la force de Panuda m'intriguaient. Je sentais que ce premier contact avait été un prélude. Je devinais par son extrême simplicité qu'il était un grand être. Babaji m'avait prévenue : « Les êtres réalisés sont très simples. Quand ils sont compliqués c'est que quelque chose ne va pas. »

Le lendemain, il pleuvait sur le Gange. La torpeur du ciel avait éclaté sous l'emprise des prières. À moins que cette techno furieuse l'ait mis hors de lui. Personne ne songeait à s'abriter. Un *sadhu* restait immobile sous la pluie, debout sur une jambe suspendue sur sa béquille en loques. De la cendre couvrait son corps. Un pagne orange retenu par des ficelles rouges et jaunes ceignait sa taille chétive. Des colliers de fleurs à son cou tombaient sur son torse. Une barbe noire mangeait son visage sombre. Ses bras tremblaient et ses doigts fins s'agrippaient à l'air lourd. Il répétait un *mantra* à voix haute pour tenir. Je l'ai pris pour un authentique *sadhu*, terrible de courage. Mais des touristes l'ont bombardé de photos tandis qu'il noircissait son regard pour la pose. Puis il a tendu sa main avec insistance afin de récolter quelques roupies. Un *sadhu* ne demande jamais. Il attend du ciel ce qui doit lui revenir. Dans les moments de difficultés, MA avait l'habitude de dire : « Faites de votre mieux. Dieu fera le reste. Dénouez ce que vous pouvez. Le reste se dénouera de lui-même. » Un enseignement salvateur car plus la foi est intense, la vie ardente, plus les épreuves sont élevées.

MA m'avait ouvert les yeux en disant : « Seule peut être qualifiée d'action celle qui mène à la nature divine de l'homme. » J'avais vite décelé le mensonge chez ce faux *sadhu* : sous ses déguisements, il n'aspirait manifestement pas à s'approcher de sa nature divine, mais à gagner de l'argent en abusant de la naïveté des touristes. Il était démasqué par la noirceur de son regard. J'avais découvert auprès de Babaji qu'un être sans joie restait à l'écart de sa nature divine.

Pushparaj est venu me chercher pour retourner à l'*ashram* de MA. Sur le chemin, près du petit *ghat* des crémations, nous avons croisé un *shivaïte*[1] en dreadlocks, qui méditait, vêtu d'une peau de lion et couvert de cendres. Il se tenait dans la position du

1. Adepte du dieu Shiva.

lotus face à un feu qui ne devait jamais s'éteindre. Il fumait de la *ganja* (herbe), protégé par deux tridents plantés dans la cendre. Pushparaj m'a expliqué qu'il était un agora : sa voie spirituelle était d'aller au-delà de toutes les peurs. La voie de l'ombre. La nuit, il récupérait des bouts de corps épargnés par le feu et pratiquait des rituels avec ces restes d'hommes. Pushparaj, authentique brahmine élevé dans la pure tradition spirituelle, est devenu livide en passant devant lui. Il a accéléré le pas, incapable de parler. Il ressentait les vibrations de cet homme qu'il devait éviter à tout prix. Sa frayeur m'a fait comprendre que nous étions face à un véritable agora. Il me fascinait et j'ai voulu m'approcher de plus près, curieuse de rencontrer un homme qui dévore des cadavres. Pushparaj a réagi avec une violence inouïe. Il s'est précipité vers moi et m'a forcée à le suivre, avec une voix que je ne lui connaissais pas. Il avait une autre perception du monde. Il connaissait le pouvoir de l'invisible et voulait m'en protéger. Les énergies s'attrapent. Pénétrer dans l'aura de cet homme, c'était entrer dans son histoire. Babaji répétait souvent : « Nos sens sont très limités. Toutes sortes de choses, d'êtres nous entourent. Mais nous ne les voyons ni ne les sentons. Parfois, par fulgurance, nous les voyons. Ceux qui ont des sens très affinés peuvent discerner le visible dans l'invisible. »

Dans l'*ashram* de MA, j'ai une fois de plus été saisie par ce silence qui imprégnait les murs sans étouffer le bruit de la vie. Ici, la paix semblait tellurique. Nous avons retrouvé Panuda dans son petit bureau, absorbé par des dossiers. Si Babaji avait emprunté la voie de la dévotion, se vouant totalement au divin sans le support de l'action, Panuda avait travaillé toute sa vie pour MA. Il pratiquait le *karma yoga*, l'action désintéressée.

Je lui ai demandé de me raconter son histoire. Il est resté un instant silencieux comme s'il entrait en conciliabule avec lui-même. Il ne devait pas avoir l'habitude de parler de lui. Puis, dans un anglais parfait, il s'est livré à moi. Pushparaj ne l'avait jamais vu se confier ainsi. Lorsque j'apprendrais sa mort un an plus tard, je comprendrais qu'il m'avait donné le récit de sa vie, sachant qu'il allait bientôt disparaître.

Panuda rencontrait souvent MA chez son oncle dont il était le disciple. Un jour, elle lui a demandé de venir s'installer à l'*ashram* de Bénarès avec elle. Il a refusé, n'ayant aucune envie de devenir moine. Il cherchait un emploi et désirait mener une vie normale. Quinze jours après lui avoir fait sa demande, MA est venue à Calcutta où il vivait avec sa famille. Elle lui a ordonné de la suivre. Sur-le-champ. Puis elle a fait réserver une place pour lui dans le train. Impossible de désobéir à une si grande sainte. Panuda l'a suivie. Toute sa vie, il n'a fait que cela :

lui obéir et la suivre où qu'elle aille, quoi qu'elle dise. Les dix dernières années avant qu'elle ne quitte son corps, il ne l'a pas quittée une seule fois, se soumettant à chacun de ses désirs. J'étais subjuguée par cette vie de service qui le rendait si lumineux alors qu'il ne semblait pas l'avoir choisie. Quand il s'est tu, j'ai enchaîné :

– Vous avez voué votre vie à MA, vous lui obéissiez en tout, et pourtant vous vous sentiez libre ?

– Je ne m'appartenais plus. Je ne pensais plus à moi. Je n'avais plus de désirs personnels. Je m'étais entièrement donné à elle. Mon bonheur était sa satisfaction. Pas la mienne. Alors, oui, j'étais libre.

Il m'a longuement parlé de la liberté, qui est selon lui impossible dans le monde matériel. Pas de liberté qui ne soit spirituelle. Il s'est arrêté un moment avant d'ajouter : « MA est née libre. » Elle n'avait aucun attachement matériel, pouvait s'abstenir de manger et de parler pendant des mois sans que son corps ne souffre. Elle était un pur esprit fait chair, sans aucune dépendance des sens, constamment absorbée dans le divin. Panuda m'a raconté que, d'une minute à l'autre, elle partait sans prévenir, sans bagage, sans attendre ses disciples qui s'agitaient soudain. Panuda avouait qu'il était très difficile de la suivre. Il fallait toujours être aux aguets. Elle était comme un oiseau sur la branche. En chemin, elle rencontrait toujours « par hasard » un dévot en voiture qui lui proposait de l'emmener où elle le désirait. Pour Panuda, c'est cela être libre : avoir le mental libéré de toute attache. Alors tout devient possible à chaque instant.

Avant de le quitter, j'ai voulu me prosterner à ses pieds, mais une fois de plus, il m'a retenue en me disant : « Je ne suis pas un Sage, mais seulement un serviteur. Le serviteur de MA. » Et cela faisait de lui un Sage. Alors que je sortais de son bureau, il m'a lancé, les yeux brillants : « *Be happy.* » Ce furent ses derniers mots. En suivant MA contre son gré, cet homme a trouvé la joie sur terre. En se mettant totalement à son service, il a découvert la liberté. Son existence se résume en ces deux mots : « *Be happy.* » La seule voie. Celle que MA a prônée toute sa vie : « Riez tant que vous pourrez, cela relâchera toutes les articulations crispées de votre corps. Il faut que votre rire vienne du plus profond de votre cœur ; il doit vous secouer de la tête aux pieds, si bien que vous ne sachiez plus quelle est la partie du corps qui réagit le plus violemment. Mais si l'âme est assouplie, votre rire ne sera que sur vos lèvres. Je voudrais vous voir rire avec votre bouche, avec votre cœur, avec tout le souffle de votre vie ! Pour y arriver, ayez foi en vos propres facultés et essayez d'établir des rapports harmonieux entre le moi intérieur et le moi extérieur. Ne multipliez pas vos besoins mais menez une vie simple et sans tache. Établissez une parfaite identité entre votre propre avantage et celui du monde ; et de toute votre énergie, consacrez-vous exclusivement à Dieu. Alors votre rire répandra de la joie partout. »

Le lendemain, à l'aube, avant de quitter Bénarès, je me suis dirigée vers une barque endormie sur le Gange afin d'admirer la vie s'éveiller sur les *ghats*. J'avais très mal négocié le prix du trajet auprès du pêcheur, mais cela n'avait aucune importance. J'avais décidé que ces dernières heures seraient belles. Le propriétaire de la barque, un vieil homme maigre, ramait doucement, déjà transpirant dans son T-shirt maculé de vie. Depuis sa prime jeunesse, il n'avait dû faire que cela : ramer en silence face à des touristes cramoisis par le soleil de Bénarès ; agrippés à leurs appareils photo pour éterniser des instants auxquels ils ne s'étaient pas donnés.

Les *sadhus* se préparaient à prier. Des hommes presque nus dans leur pagne minuscule faisaient des exercices de yoga pour donner une impulsion de paix à leur journée ; d'autres méditaient dans des petites grottes tournées vers le fleuve sacré. Des *brahmines* faisaient leur *puja* du matin, seuls et habités. Des mouettes suivaient par dizaines les barques de pêcheurs. Une lumière d'or caressait les murs du palais des rajas presque en ruine. Soudain, toute cette vie ardente est restée en suspens. Soleil rose, gestes en prière, positions de yoga figées, *sadhus* en méditation. Les hommes et la nature semblaient retenir leur souffle dans un silence rare. Un instant de perfection où les vies s'unissaient dans une apothéose. Puis les hommes ont repris leurs cris, la flûte sa mélodie, le soleil sa danse incessante. Seuls les *sadhus* sont restés immobiles, dans ce silence plein de mystère. Une ville temple aux odeurs de bouses de vaches noyées dans des volutes d'encens. Une ville sainte où la misère est prière.

En quittant la barque, j'ai croisé sur les *ghats* de jeunes touristes qui marchaient courbés sous le poids de leur sac à dos. Je les ai enviés de mener cette vie de vagabonds en quête d'un peu de bonheur avant de passer leur chemin. Mais je n'étais plus de ceux-là. Désormais, mon cœur et mon âme étaient arrimés au mystère, à sa quête infinie. Aux paroles de Babaji et sa présence éveilleuse. Au visage de MA. Au rêve de Melchisédech. À l'évidence d'une lumière intérieure. Alors, sans regret, je suis allée chercher ma valise pour aller retrouver l'homme qui m'avait mise sur la voie. Et je répétais en boucle ces mots de MA : « Essayez d'éclairer le monde avec une lumière qui ne puisse jamais s'éteindre. »

« DEMANDEZ DE LA LUMIÈRE, TOUJOURS PLUS DE LUMIÈRE » MA ANANDAMAYI

À Kankhal, la terre étouffait dans une odeur de braise. Pourtant, d'un pas léger, les femmes semblaient passer à travers la chaleur. Leurs saris aux couleurs chatoyantes masquaient leur pauvreté. Elles ne marchaient pas, elles dansaient. Leur manière à elles de tenir debout.

De la fenêtre de ma chambre, collée à celle d'Izou, je pouvais admirer les petits temples où se pressaient les Indiens, et la fontaine où se lavaient les mendiants. Au loin, dans la plaine, un berger rêvait, entouré de ses biquettes, image éternelle fondue dans le vacarme incessant des Klaxon.

Babaji est apparu dans la cour blanche baignée de soleil, soutenu par Pushparaj. Je ne me suis pas précipitée vers lui, mais suis restée debout, immobile à le regarder avancer péniblement vers ces hommes et ces femmes de passage, ces inconnus à qui il offre des mots qui guérissent, un regard qui montre la voie, des éclats de rire. Il s'immobilisait par instants pour reprendre des forces. Et je ressentais un amour extraordinaire pour cet immense ascète, si fragile dans son corps et si puissant dans son regard. Il marchait à peine, pourtant c'était nous qui venions chercher sa protection.

Il a pris longuement mes mains dans les siennes, avant de se tourner vers les autres fidèles. Heureuse de ce contact, j'ai décidé de rester silencieuse pour ne rien imposer à nos retrouvailles. J'ai tenu cinq minutes. Très vite, j'ai fait part à Babaji de mes projets professionnels. Il m'a répondu de ne pas m'inquiéter s'ils ne marchaient pas. Quelque chose d'autre allait arriver. Ce n'était pas à moi de décider. Il m'encourageait à laisser faire le pouvoir divin. Le message était clair : mes projets allaient s'effondrer. Une fois de plus. Mais je devais garder confiance. Ses paroles rassurantes m'ont mise hors de moi. Auprès de lui tout semblait possible, et pourtant je ne parvenais à rien. Il avait beaucoup de pouvoirs. Mais alors pourquoi ne m'aidait-il pas ? Pourquoi ne plaidait-il pas ma cause auprès des dieux ? Depuis que je l'avais rencontré, tout ce que j'entreprenais échouait. Était-ce cela, la grâce du Sage : un immense fiasco ? Je me suis raisonnée. Qu'est-ce que je croyais ? Que j'allais le rencontrer et que par lui, j'allais réussir en tout, sans obstacle ? Il m'apprenait à appréhender la vie différemment. À faire mon travail simplement et m'en remettre aux anges. Sans me plaindre, puisque « tout ce qui doit être sera ». Pour me montrer que je ne décide rien, les anges contraient tous mes plans depuis ma rencontre avec Babaji. Une façon de me forcer à aller plus haut que mes désirs. Un proverbe russe dit : « Si tu veux faire rire Dieu, raconte-lui tes plans. »

Me préparant à des mauvaises nouvelles en cascade, j'ai avoué à Babaji que je ne savais plus prier. Il m'a répondu : « Qu'importent les mots, seuls comptent l'intensité et le *bhav*. » Seule l'intensité tournée vers la Joie pouvait fléchir notre mauvais *karma*. J'étais très déprimée alors que j'avais été si heureuse quand j'avais décidé de me taire. Il ne cherchait pas à nous faire plaisir, ne disait jamais ce que nous voulions entendre, brisant ainsi nos attentes. De très mauvaise humeur, j'ai lancé : « Je crois que je dois encore payer le prix de mon mauvais *karma*. » J'étais très injuste car avoir un tel contact avec lui était une grâce. Je cherchais sans doute ainsi des mots rassurants. Il m'a répondu que nous lancions la pierre dans l'eau par nos actions. Nous n'avons pas le pouvoir d'arrêter les vagues. Ainsi, nous maîtrisons nos actes mais non leurs résonances. Si je souffre, c'est de ma faute. Lorsque l'on a compris les lois de la vie, on vise l'action pure pour que les vagues soient belles. Et non des tornades qui nous reviennent en pleine figure. Puisque le résultat n'est pas entre nos mains, se contenter de donner le meilleur de nous-même. Avant de partir, il a murmuré : « Quand quelqu'un est vraiment intense, le pouvoir divin arrange les circonstances qui lui sont propices. Car c'est toujours le pouvoir divin qui tire les ficelles. »

J'ai été réveillée à l'aube par les tambours et les cloches en furie des temples qui vibraient sous mes fenêtres. Après les *rave parties* déchaînées de Bénarès, je devais affronter le tintamarre des temples de Kankhal. Très contrariée, je suis partie méditer au bord du Gange qui s'étirait dans la lumière naissante. J'avais l'impression de découvrir chaque jour un peu plus la grâce de ce petit village sans attrait. Peut-être que ce village et moi nous étions apprivoisés. Peut-être aussi n'avais-je plus aucun goût.

Des familles entières se baignaient dans le Gange, joyeuses et recueillies. Des femmes étendaient leurs voiles par terre après les avoir lavés. Nous, on les lave dès qu'ils ont touché le sol. Des rituels d'encens et de fleurs transformaient les heures en poèmes. Corps dénudés, vieilles femmes dévoilant leurs seins, moines en méditation, ménagères au travail, mendiants en alerte, pas une once de vulgarité au cœur de ces vies paradoxales reliées par le Gange.

Après une journée de lecture laborieuse dans le vacarme des temples qui tuaient les pensées par un bruit infernal, je suis partie retrouver Babaji, soulagée de quitter ma chambre. Devant le *Samadhi*, les haut-parleurs diffusaient les chants des enfants de l'*ashram* qui hurlaient des *kirtans*. J'étais loin de la douce paix propice à la méditation. Loin du silence qui nous prépare à l'heure du Sage. Je me sentais agressée de toutes parts par la clameur des hommes. Étrangement, c'étaient les prières qui faisaient le plus de bruit. Si le *Samadhi* de MA était situé au cœur du village et non à l'écart, il y avait une bonne raison : même le silence, tu dois le trouver en toi. N'attends rien du monde extérieur.

Babaji avait décidé de me parler d'amour. Il avait dû sentir que je n'avais fait aucun progrès dans ce domaine. « Izou est pleine d'amour, ça la maintient jeune », a-t-il lancé sans raison apparente. J'ai alors pensé à mon père qui aimait répéter que seules les femmes aimées vieillissaient bien. Je n'ai jamais compris pourquoi cette règle s'appliquait uniquement aux femmes. Un vieux professeur de théâtre m'avait dit un jour : « Les femmes vieillissent et les hommes mûrissent. » Raison pour laquelle elles auraient besoin d'une bonne dose d'amour pour passer entre les rides du temps. Mais pour Izou, il s'agissait d'autre chose. Elle était animée de l'intérieur par un amour spirituel qui illuminait chaque fibre de son être. Elle avait fait don de sa vie à MA et à Babaji. Cela la rendait belle. Et jeune. Lors d'analyses médicales, les médecins stupéfaits avaient découvert qu'elle avait des résultats d'une jeune femme de trente-cinq ans, alors qu'elle en avait cinquante-cinq. Ils avaient dû recommencer pour confirmer ces résultats troublants. Babaji et Izou montraient qu'il était possible de s'aimer comme une prière, un don absolu, un miracle. L'amour mystique. C'était une grâce de pouvoir assister à un tel amour vibrant, pur, spirituel entre ce grand Sage et cette femme tendue vers lui de toute son âme.

Après un moment de silence, Babaji a ajouté : « Même l'amour uniquement humain, s'il est sincère, est porteur d'une dimension spirituelle. » C'était à cet amour-là que j'aspirais. Aucun homme ne m'avait poussée à aller plus loin que moi-même par amour. Sans une aspiration commune plus haute que le désir et les sentiments, comment se supporter longtemps ?

Alors que la nuit tombait tout à fait, une Indienne est venue s'agenouiller aux pieds de Babaji. Très mince, d'une cinquantaine d'années, elle flottait dans un sari rouge et or un peu élimé. Ses cheveux noirs plaqués en arrière durcissaient son visage ridé, éclairé par un regard noir, intense et joyeux. Son visage racontait le sacrifice d'une vie et la joie qu'elle en avait tiré. Après s'être inclinée devant Babaji, elle a touché légèrement ses pieds, puis en a gardé un dans sa main. Pour les Indiens, les pieds des Sages sont l'endroit le plus sacré du corps. Elle accomplissait donc ce geste avec une intense dévotion. Puis elle a commencé à lui masser les jambes en silence. Elle rayonnait de pouvoir lui offrir ce geste d'amour. Elle a longuement massé l'autre jambe de Babaji qui restait impassible. Puis elle est partie, sans un mot. Alors Babaji a dit : « Elle adore me masser les pieds. Je déteste ça. Mais elle le fait avec tant d'amour que je n'ose rien dire. »

Pour un projet de documentaire, je devais prendre une photo de moi avec un moine au bord du Gange. Je suis donc partie avec Izou sur les *ghats* en quête d'un moine. Mais étrangement, cet après-midi-là, pas un *sadhu* ne venait se recueillir au bord du Gange. Izou, fidèle à cette phrase de MA : « Ne renonce qu'à ce qui t'abandonne », a continué d'arpenter les *ghats* sans succès. Elle a donc appelé Babaji et s'est exclamée au téléphone : « Nous sommes parties à la chasse aux moines, mais il n'y en a pas un dans les environs ! » Babaji a répondu que nous allions trouver un *sadhu* sincère et très beau. Quand Izou m'a répété ses mots, je me suis retournée et lui ai montré un *sadhu* qui venait d'apparaître comme par enchantement. Grand, gracieux, émacié, torse nu, musclé, il avait un regard d'une gravité et d'une profondeur troublantes. Il portait d'immenses dreadlocks qui tombaient en cascade sur le pagne qui lui entourait la taille. Izou est immédiatement allée vers l'homme et lui a demandé si nous pouvions prendre des photos. Il a accepté, tout en se tenant à distance de moi pour que je ne pénètre pas dans son aura. Izou riait : « C'est fou, il est apparu au moment où Babaji a parlé, quel hasard !» Il posait, immobile, concentré, habité. Il se prêtait au jeu sans pour autant y entrer. Il était ailleurs. Puis il a pris son bain rituel en récitant des *mantras* devant nous ; nous offrant ce moment émouvant d'intimité avec le mystère. Izou et moi le regardions en silence s'immerger dans le fleuve sacré, conscientes qu'il dévoilait ce qu'il avait de plus précieux : son bain avec Dieu. Puis il est sorti, ruisselant, et nous a bénies. On dit que ces moines aux longues nattes enduisent leurs cheveux de bouse de vache pour faire fuir les femmes, mais nous n'avons senti que l'encens qui voletait autour de lui.

Le soir même, quand nous avons évoqué cette rencontre à Babaji, il a dit que le moine avait dû sentir la pureté du *bhav* d'Izou. Il s'agissait en effet d'un moine authentique, d'un vagabond céleste qui vivait dans la rue et ne demandait rien. Nous lui avions donné un billet en silence pour le remercier de ce moment de grâce. C'était une grosse somme pour lui, mais il nous a simplement remerciées d'un regard. Son bon *karma*.

Babaji était désormais très distant avec moi. À peine un regard. Il ne posait plus sa main sous mon menton, geste rituel que j'aimais tant. Je me sentais idiote et encombrante. Je le croyais indifférent et lassé de moi. Calmer mon mental, taire mon ego et me tourner vers la joie me semblait facile quand j'étais le centre de son attention. Mais maintenant qu'il semblait se désintéresser de moi, j'étais blessée, en demande, tourmentée.

En rentrant à la *guest house*, j'ai fait part à Izou de ma tristesse devant son indifférence soudaine. Elle m'a répondu : « Oh, mais c'est complètement normal ! Il te met à l'épreuve pour voir si tu es assez forte ! » Épreuve éclairante : je ne suis pas forte. Je quémande un mot, un regard alors qu'il nous encourage à nous tourner vers le maître intérieur. Babaji a dit à Izou que je m'étais stabilisée et que je devais m'affranchir de l'affection paternelle dont il me couvait. Il m'avait mise sur la voie, à moi de continuer comme une grande. Izou a ajouté : « Sa distance est une très bonne nouvelle… »

Le lendemain, Babaji s'est tourné vers moi et a affirmé que j'étais un moine. Je lui ai répondu en riant que j'habitais rue des Moines à Paris. Il a lancé : « Il y a donc au moins un moine dans la rue. » Je songeais à l'homme qui m'attendait à Paris et n'étais pas du tout d'accord. Mais ses mots m'avaient troublée car, petite fille, j'avais rêvé de prendre le voile. J'aspirais aussi à devenir comédienne. J'écrivais des textes enflammés dans mon journal intime où je proclamais du haut de mes dix ans que j'allais devenir une « bonne sœur du théâtre ». Sans l'envisager concrètement, la formule m'enchantait. Auprès de Babaji, elle a pris tout son sens : aucune action n'est incompatible avec la vie spirituelle : il suffit de l'offrir à Dieu. Pour lui, il n'y a aucune distinction entre vie matérielle et vie spirituelle.

J'ai été arrachée à mes méditations sur mon avenir monacal par ces troublantes paroles de Babaji au sujet d'Izou : « Même quand elle s'énerve, elle envoie des vagues d'amour. Les gens donnent alors le meilleur d'eux-mêmes car ils réagissent en miroir. » Elle était parvenue à ce stade après trente ans de méditation auprès de son Maître. Babaji a ajouté : « L'état intérieur rejaillit sur les autres. » Pourtant, la paix peut déclencher de la violence car la beauté dérange. La puissance de Babaji créait ainsi des jalousies aux confins de la haine. Des gens avaient cherché à agresser MA et lui avaient jeté des sorts. La lumière réveille l'ombre.

Le lendemain, Babaji m'a interrogée sur *Harmonie*, le roman que j'étais en train d'écrire. Alors que je lui faisais part de mes doutes, il m'a répondu : « Lâchez prise. » Il m'a encouragée à ne pas faire d'effort, mais à agir spontanément. Que chaque action soit l'écho d'une impulsion intérieure. Selon lui, plus on avance dans la voie spirituelle, plus ce qui surgit spontanément est juste. J'avais déjà remarqué ce fait étonnant avec Izou. Elle prévoit rarement les choses à l'avance. Elle attend qu'elles s'imposent. Ainsi, on ne sait jamais où nous emmène un moment avec elle, car tout devient possible à chaque instant.

Par ses conseils, Babaji appliquait à la lettre l'enseignement de MA. Agir sans force, sans réflexion,
mais être poussé de l'intérieur pour que l'action soit
en adhésion avec l'univers. MA répétait souvent :
« Les choses arrivent d'elles-mêmes. Nous ne le
voyons pas assez. […] Si la graine est semée, la plante
pousse d'elle-même. Elle n'a pas à faire d'efforts. De
la même façon, tout ce qui se manifeste au monde
participe du non-effort. » Je n'étais pas vraiment sûre
de comprendre. Toute ma vie je m'étais battue pour
mes rêves et avais travaillé sans relâche. J'avais donc
fait fausse route. Aurais-je dû me la couler douce ?
J'en étais incapable. Par ailleurs, lâcher prise est très
subtil. Il ne s'agit pas de ne rien faire, mais d'agir
sans tension, sans attente. La plante qui sort de terre
est en action, mais tranquillement. Elle suit son chemin sans forcer. Ainsi, « tout ce qui se manifeste au
monde participe du non-effort ». La nature nous
montre chaque jour le chemin.

Je me suis mise à rêver qu'à mon retour je serais
pleine de cette énergie lumineuse acquise aux pieds
du Sage, que tout allait rouler tout seul, spontanément, « sans effort ». Je n'avais jamais été assez mûre
pour vivre comme une rose qui pousse et ne songe
qu'à s'ouvrir à la lumière. À Paris, Izou m'encourageait à ne rien faire alors que tous mes projets
s'effondraient. J'ai essayé quelques jours. Je suis restée à mon bureau de la rue des Moines, fixant la
fenêtre. À la fin de la journée, j'avais la sensation

d'avoir été débordée. Le jeu consistait à ne pas chercher à me divertir ; mais à ne rien faire. Je recevais des appels singuliers, une nouvelle idée me venait, je ressentais l'urgence d'aller sur l'île Saint-Louis et j'observais ma ville comme si elle avait un message à me délivrer. Je n'avais rien imposé à ma journée, alors elle s'imposait à moi, riche et inattendue. C'était exactement ce que je vivais à Kankhal. Il ne se passait rien hors de l'heure de Babaji et je ne m'ennuyais jamais. Mais à l'étranger, loin de nos repères, tout semble plus facile. De retour chez nous, on fonce tête baissée dans nos habitudes, on s'y noie, s'y prélasse, on en rajoute même. Alors exténués, le soir, on se couche rassurés. Demain, recommencer. Mais notre âme rabougrie, assoiffée murmure en silence cette phrase de MA : « L'action qui ne nous tient pas à sa merci est l'ÊTRE simplement. »

Depuis quelques jours, Babaji ne marchait plus. Mais je ne parvenais pas à prendre son grand âge au sérieux. Son corps suivait son chemin, mais son regard le transcendait. Comme s'il entendait mes réflexions, ce soir-là, Babaji s'est tourné vers moi et a lancé : « Vous serez toujours jeune, vous en avez le tempérament. » Alors que je souriais, heureuse à la perspective de ne pas devenir une vieille dame triste et chiffonnée dans son coin, Babaji s'est exclamé : « Regardez, j'ai quatre-vingt-quinze ans, je suis tout faiblichon ! » Interloquée, j'ai répondu : « Mais non, pas du tout ! » J'étais sincère. Il n'avait pas d'âge car il avait la Joie, fidèle à l'enseignement de MA : « Cherchez toujours à vivre dans la joie, à exprimer la joie dans vos pensées et dans vos actes ; sentez la présence joyeuse dans tout ce que vous voyez ou entendez ; cela vous apportera un réel bonheur. La tristesse est fatale à l'homme ; bannissez-la de toutes vos pensées. »

Babaji murmurait. Le souffle le quittait. Il parlait de MA, peu soucieux de ceux qui ne l'entendaient pas. Pour lui, la spiritualité ne s'adresse qu'à un individu. Pas de règle générale. Ceux qui n'entendent pas, ce n'est pas pour eux. S'ils veulent savoir, ils posent des questions. Il parlait doucement comme s'il voulait tout dire avant la fin. Je devinais que c'était l'amour d'Izou qui le maintenait en vie. Il pouvait décider de quitter son corps et de se fondre dans la lumière. Il avait déjà tant donné.

Je me blottissais contre sa chaise en plastique pour entendre sa voix qui baissait de plus en plus. Il nous raconta qu'il avait reçu une malédiction après avoir exclu de l'*ashram* un mauvais *pujari*[1]. Celui-ci s'était vengé en lui lançant un sort. Babaji s'était rendu vulnérable car il ne s'était pas protégé par une prière. Il avait donc souffert d'ulcères graves. Il aurait pu en mourir, mais miraculeusement, il avait guéri sans séquelles. À la fin de son récit, il ajouta :

1. L'homme qui préside la *puja*, la prière.

« Ce sont les risques du métier… Il faudrait prendre une assurance. »

En ce 26 novembre 2009, nous fêtions les quatre-vingt-seize ans de Babaji. Les fidèles lui offraient des guirlandes de fleurs, et déposaient bonbons, chocolat et cadeaux à ses pieds. Il les accueillait en souriant gentiment, mais nous savions tous qu'il allait redistribuer tout ce qu'il recevait. Il se prêtait au jeu, mais semblait rechercher le silence. Peut-être sentait-il que les personnes présentes n'étaient pas vraiment sincères et se manifestaient par acquit de conscience : on ne sait jamais, célébrer un Sage peut toujours servir…

En petit comité, nous sommes allés à la *guest house* pour lui faire souffler ses bougies. Mes cousines et leurs enfants, Michel et Gonzague étaient présents. Nous sommes restés à ses pieds un long moment en silence. Puis nous avons beaucoup ri tandis qu'il nous racontait l'histoire de cette dame âgée qui tendait son visage vers lui en s'écriant : « Si vous êtes un grand Sage, faites un miracle, rajeunissez-moi. » Il nous a alors expliqué qu'un grand Sage n'a aucune volition, il est un intermédiaire. Ce n'est pas lui qui agit. Il ne se rend donc pas compte des miracles qu'il opère. Ils viennent automatiquement. Il ne décide rien puisqu'il est simplement un canal du divin.

Il nous a ensuite parlé du *karma yoga*, le yoga de l'action destiné à servir l'humanité. Il nous encourageait à suivre cette voie. Dans le *karma yoga*, ce n'est pas nous qui agissons car l'ego s'efface. On ne se soucie pas du résultat car on œuvre dans un esprit de service. Et c'est alors qu'on s'unit au divin. MA soutenait en effet que l'ego se sent toujours misérable quand le moi réel est lumineux.

Ces mots, le jour de son anniversaire, peut-être le dernier, résonnaient fortement. Il nous montrait la voie à suivre. Je lui ai donc demandé si je devais écrire sans me soucier du succès de mon livre, ni m'attrister s'il passait totalement inaperçu. Il m'a répondu que si j'agissais pour Dieu, alors l'écho dans le monde matériel ne devait pas m'inquiéter. Œuvrer pour Dieu et non pour les bénéfices. Dans la voie du mystère, le résultat échappe à toutes nos projections. Mais quel qu'il soit, il doit nous faire grandir. Sinon à quoi bon ? Il a conclu par ces mots : « Le test du bon travail est la joie qu'il procure. »

Enfin, Pushparaj a emmené Babaji dans sa chambre, et nous l'avons accompagné jusqu'aux portes de l'*ashram* pour admirer encore quelques instants son corps épuisé mais puissant au bord du grand voyage.

J'avais voulu rencontrer un grand Sage pour sortir d'une vie de montagnes russes sans issue. Et j'avais découvert la loi du *karma*. Tous nos actes nous reviennent en boomerang. Non, pas seulement nos actes, nos paroles aussi. Pire, encore, notre attitude mentale. Car donner sans cœur ni joie ne nous crée pas un bon *karma*. Désormais, je n'osais plus rien dire de peur de me faire un mauvais *karma*. Je craignais même mes pensées. J'avais découvert qu'elles avaient un pouvoir. Dès que je pensais à Izou à Paris, elle m'appelait. De même avec Babaji. Il allait toujours évoquer un sujet qui m'avait préoccupée dans la journée sans que je lui en aie parlé. Je me sentais plus libre avant, lorsque je n'avais pas conscience de tout cela. C'était foutu, je ne pouvais plus revenir en arrière. Je faisais donc attention à mon regard, mes pensées, mes gestes, mes actions, mes paroles. C'était épuisant. Pourtant, pour Babaji, sans cette prise de conscience, on ne pouvait sortir du cycle infernal de la souffrance. J'aurais voulu ne plus souffrir, sans avoir à me donner tant de mal.

Le lendemain de son anniversaire, Babaji nous a raconté l'histoire d'un yogi parti méditer dans la forêt. Avant de s'installer sous un arbre, il s'était penché sur la rivière afin de sentir l'odeur des lotus ouverts sur l'eau. Alors l'esprit de l'arbre l'avait réprimandé car il venait de voler l'odeur des fleurs. Soudain, surgit un pêcheur qui, à l'aide de sa canne à pêche, tua des poissons et noya les lotus. Mais l'esprit de l'arbre resta muet. Le yogi lui reprocha son silence : pourquoi ne se mettait-il pas en colère contre le pêcheur qui venait de causer beaucoup plus de dégâts que lui ? L'esprit de l'arbre lui répondit que le pêcheur n'était pas coupable car il n'avait pas conscience des erreurs qu'il avait commises. Il ignorait que la nature avait une vie. Babaji a conclu par ces mots : « Les conséquences de nos actes sont plus importantes selon notre degré d'évolution. » Autre conclusion : mieux vaut être un imbécile heureux. Vrai ? Les esprits sont plus conciliants avec le pêcheur, mais le yogi marche vers la paix.

Mon séjour touchait à sa fin. Je me répétais ces mots avec tristesse, consciente que Babaji n'était pas loin de l'envol. Il avait beaucoup parlé de son âge pendant notre séjour. Il semblait estimer qu'à quatre-vingt-seize ans il n'était plus nécessaire d'insister. Soucieux de me confier à lui avant mon départ, je lui ai fait part de mes réticences au sujet de la vie de couple. L'enthousiasme des premières semaines. Puis la découverte de l'autre. Les discussions ménagères. L'ennui. L'attachement. Et enfin la fatalité. Louise de Vilmorin avait vu juste en écrivant : « Je t'enlacerai. Tu t'en lasseras. » Babaji m'a répondu : « Blanche, mariez-vous ! Mais mariez-vous pour trois ans renouvelables. » Son idée était merveilleuse. *Exit* l'ennui et la fatalité, car tous les trois ans, nécessité impérieuse de se réinventer. Un jeune séminariste présent s'est insurgé : « Mais c'est horrible ce que vous dites. Que faites-vous de l'engagement ? » Babaji a souri avant de s'exclamer : « Oh, mais ça, ce sont des paroles de bigots ! » Il savait que ce qu'on demande aux couples est inhumain : s'aimer et se désirer jusqu'à la fin de sa vie. Il m'aidait à trouver le moyen de transcender la vie à deux pour la rendre possible. À moins de passer son existence à courir après un cœur qui bat. Puis ne bat plus.

Nous avons été interrompus par deux jeunes touristes américains qui avaient assisté en silence au *darshan* de Babaji, indifférents à mon avenir amoureux. Ces deux garçons se ressemblaient. Non dans les traits, mais dans le style. Ils portaient des panjabis sombres, fermés jusqu'au cou, cheveux courts, barbes de quelques jours, peau blanche. Je les imaginais sortis d'une confrérie secrète réfugiée dans une grotte illuminée de candélabres noirs. Dans leurs yeux, de la fièvre. Et cette suffisance qu'ont les passionnés comme si eux seuls connaissaient la souffrance du don. Le plus âgé des deux hommes s'est approché de Babaji avec beaucoup de sérieux et a lancé d'une voix forte :

— Swamiji[1], est-ce que vous savez léviter ?

— Évidemment, c'est mon job.

Le jeune homme a rougi énormément, choqué que Babaji ne prenne pas sa question au sérieux. Mais il était sincère. Les pouvoirs qu'il avait acquis après plus de cinquante ans d'ascétisme assidu ne l'intéressaient pas. Il pouvait faire vivre à son corps des expériences époustouflantes, mais cela n'avait pas d'importance. Ses pouvoirs étaient seulement la conséquence d'une ascèse intense, une étape. Seul comptait le don de sa vie à Dieu. Un soir, il avait

1. « Maître ».

martelé : « Si on utilise le pouvoir issu d'une vie spirituelle intense, on n'évolue plus. » Pushparaj nous avait raconté que, parfois, Babaji refusait de rentrer dans sa chambre et d'écourter ainsi le *darshan*. Mais le rôle de Pushparaj était de préserver son corps, donc il insistait. Aidé de Narayan, son neveu, il emmenait Babaji, toujours assis sur sa chaise. Pushparaj avouait que ces jours-là, son corps pourtant si mince pesait horriblement, et que Narayan et lui peinaient à le porter alors qu'ils le faisaient avec aisance tous les jours. À l'inverse, certains jours, il s'allégeait. Pusharaj et Narayan portaient alors une chaise qui semblait vide tandis qu'il était assis tranquillement, un sourire aux lèvres.

Je marchais ce soir-là vers ma dernière soirée auprès de Babaji, la gorge serrée. La crainte de le voir pour la dernière fois me rendait encore plus avide de lui. Pendant tout le *darshan*, il s'est concentré sur une jeune femme qui travaillait à Delhi, évoquant avec elle sa vie professionnelle qui ne m'intéressait absolument pas. J'en étais attristée. Pourtant, j'avais eu le privilège d'avoir un moment seule avec lui avant l'arrivée des fidèles. Il m'avait dit : « Soyez patiente. Apprenez à calmer votre mental, c'est la voie. » Mais durant ces deux heures, je n'étais ni patiente ni calme. Peut-être qu'il me testait.

La fin du *darshan* a sonné et Babaji continuait de parler de la pluie et du beau temps à Delhi avec cette jeune femme ravissante et adorable que je m'étais mis à détester. Elle volait mes dernières heures auprès de lui. Pourtant, elle n'y pouvait rien. C'est lui qui avait décidé qu'elle serait le centre de son attention. Une fois de plus, il me forçait à mettre mon ego de côté.

Au moment de nous dire au revoir, il m'a saluée d'un regard distrait. J'étais terrassée de ne pas emporter avec moi un dernier contact d'amour. Sa main dans la mienne. Son regard qui me fixait pour transmettre ce que les mots ne disent pas. Peut-être m'apprenait-il aussi à me passer de lui.

De retour à la *guest house*, déprimée, je me suis plongée dans un livre de MA pour tenter de trouver un sens à ces dernières heures. Je m'en voulais de cette amertume alors qu'il n'avait cessé de m'accompagner depuis plus de deux ans. J'ai trouvé ce passage et j'ai respiré : « Ayez toujours un but élevé et allez de l'avant ! Dès que vous vous abaissez, vous trébuchez et vous êtes perdu. La vie dans le confort vous a déjà privé du pouvoir de marcher sur un plan supérieur [...]. Fixez-vous un but élevé et en tous les cas regardez toujours en avant. Le courage de s'élever est la vraie puissance motrice. »

Le lendemain matin, avant mon départ, Izou m'a annoncé que Babaji voulait me dire au revoir. Nous nous sommes rendues sous ses fenêtres, sachant qu'il prenait son petit déjeuner sur son balcon au premier étage. En nous apercevant, il s'est levé et a crié qu'il voulait descendre. Izou, en chemise de nuit blanche, hurlait qu'il n'en était pas question. Et Babaji, auréolé de la lumière douce du matin, riait en disant : « Vous me donnez des ordres ? » Izou voulait le préserver, consciente que chaque effort l'épuisait un peu plus : « Parfaitement ! Je vous interdis de descendre ! » Babaji s'est penché un peu vers nous, debout dans la lumière, et nous a regardées avec tant d'intensité que j'en avais les larmes aux yeux. Enfin, Pushparaj l'a conduit dans sa chambre mais le soleil effleurait sa porte comme s'il voulait garder sa présence.

Alors que la voiture s'apprêtait à démarrer, Pushparaj a couru vers moi et m'a donné un pull orange de Babaji. Quand un Sage offre un objet qui lui appartient, c'est une grande grâce car cet objet est empli de ses vibrations. Ce pull allait donc être un ancrage, un rappel à l'ordre de la lumière. Ce cadeau, un geste fort, m'encourageait à emprunter définitivement la voie qu'il m'avait transmise. Je le recouvris en pensée des paroles de MA : « Plus nous encourageons notre esprit à se mouvoir dans des chemins étroits et malsains, et plus se multiplient nos chagrins dans ce monde. Pourquoi porter des jugements sur ce qu'ont les autres et sur ce qu'ils n'ont pas ? Conduisez-vous vous-même toujours plus haut ! »

UN RIRE EN HÉRITAGE

De retour à Paris, j'ai appelé Babaji d'un café de la rue du Cherche-Midi. Je l'imaginais dans sa petite chambre glacée d'hiver au bord du Gange tandis que je me tenais en plein cœur de Paris, bien au chaud sur un canapé de velours rouge, un thé brûlant à la main. Je l'ai remercié pour son pull. Il m'a dit : « Il vous tient chaud, comme cela. » Je lui ai répondu qu'il me tenait surtout chaud à l'âme. Son humilité et sa simplicité me surprenaient toujours. On ne porte pas le vêtement d'un grand Sage, on le respire.

Entendre sa voix m'aidait à trouver la force de jouer le jeu de la vie parisienne puisque je savais que, dans une petite chambre au pied de l'Himalaya, un grand ascète veillait sur moi. MA disait : « Soyez plein de vie partout où vous irez et nul ne vous semblera étranger. » J'étais responsable de me sentir si étrangère au milieu des autres. Il n'y avait aucune rupture entre Kankhal et Paris, c'était à moi d'insuffler dans chaque instant le souffle que j'avais découvert en Inde.

Babaji avait avoué être passé par des moments difficiles quand il descendait de l'Himalaya. Les jours de grande lumière nous jettent parfois dans de sombres ravins. Comme si les anges nous mettaient à l'épreuve : «Tu as su sourire dans le bonheur, sais-tu encore trouver une étincelle dans l'épreuve? Si c'est le cas, alors nous t'arracherons de l'ombre à tire-d'aile, mais sois patient.» Je savais que les retours d'Inde étaient douloureux. Je me sentais décalée, ailleurs, entre deux mondes. Mais j'avais des refuges : la méditation et des photos de MA et Babaji. Leurs regards, si confiants, me montraient l'essentiel et semblaient murmurer : «Va plus haut. Libère-toi de ces états d'âme, de ces soucis de passage, respire.» Parfois, le regard de Babaji semblait dur dans sa puissance, comme s'il me reprochait ma plainte après l'attention qu'il m'avait accordée. Il faut du temps pour que les mots nous entrent dans la peau.

Izou m'a avoué que Babaji ne voulait plus que je vienne à Kankhal. Il se retirait, se préparait à quitter son corps. Elle a aussi ajouté que Babaji préférait que je mûrisse son enseignement de mon côté. Je n'allais peut-être plus jamais le revoir. Accepter sans chercher à comprendre. J'en souffrais. Je me sentais rejetée. L'ego. Encore un enseignement. Izou soutenait qu'il nous apprenait à tenir debout sans lui. Il m'avait mise sur la voie, à moi de marcher seule.

Elle avait ajouté que la graine était en train de germer. Rien n'apparaît jusqu'au moment où la première pousse voit enfin le jour. J'étais encore cette graine enfouie dans la terre.

Désespérée par cette nouvelle, j'ai repensé à Babaji debout sur son balcon le jour de mon départ, son corps auréolé de soleil, ses yeux rieurs et intenses quand Izou l'avait empêché de descendre pour le préserver et qu'il avait lancé : « C'est moi qui décide », en obéissant. Serait-ce donc l'ultime image ? Sa mise à distance était-elle vraiment un enseignement ou bien ma présence l'encombrait-elle au seuil du grand voyage ? Izou répétait que la décision d'un Sage était parfaite…

Une de ses disciples avait demandé à MA : « Ne dois-je pas affronter un problème au moment où il se présente ?

— Non, oubliez-le, avait-elle répondu. Quand vous lisez un livre, vous ne connaissez pas toute l'histoire avant d'avoir fini le livre ; ainsi pour ce que vous ne comprenez pas actuellement, attendez de voir ce qui se passe par la suite. »

Ne pouvant trouver refuge auprès de Babaji, je suis partie au couvent. Un vieux monastère perché dans la montagne, à une heure de Nice, devenu une résidence d'écrivains qui travaillaient et dormaient dans des cellules.

Je me suis installée dans une chambre minuscule : un petit lit, une fenêtre donnant sur la montagne et une table en bois. Impatiente de me mettre au travail, je songeais à cette belle nouvelle inattendue qui avait précédé mon départ. Izou soutenait que près de MA, les choses se dénouaient toujours comme par miracle au dernier moment. On rame, on se racle l'âme, le corps, le cœur, et d'un coup tout bascule. Nietzsche écrivait dans *Ainsi parlait Zarathoustra* : « Créer, voilà la grande délivrance de la souffrance, voilà ce qui rend la vie légère. Mais pour qu'existe celui qui crée, il faut beaucoup de souffrance et de métamorphose. » Le temps de la métamorphose était venu. Au couvent.

Le monastère de Saorge veillait sur un petit village blotti contre les flancs de la montagne qui explosait d'arômes et de couleurs dans le printemps. Des grilles nous protégeaient de la vie. Les couloirs glacés semblaient avoir gardé l'âme des moines somnolents dans leur prière, en chemin vers la chapelle au milieu de la nuit.

Dès mon arrivée, une farouche envie de repartir. Pourquoi m'acharner à vivre cloîtrée quand je ne rêvais que de routes en plein soleil ? Car j'aspirais à une autre route, vers un autre soleil. Le monastère s'appelait Notre-Dame-des-Miracles. J'y ai vu un signe de MA. Babaji avait souvent répété : « Pas de hasards, mais des lois qui font marcher l'univers. »

Deux jours après mon arrivée, j'ai réussi à joindre Babaji au téléphone depuis ma petite cellule. Quand je lui ai dit que je me trouvais au monastère Notre-Dame-des-Miracles, il m'a répondu que c'était magique, que les esprits des moines allaient m'accompagner pour mon roman. Il a ajouté que j'étais une moniale. Il avait raison, je n'étais finalement pas si mal dans ma cellule face à cette petite fenêtre tournée vers le ciel. Avant de raccrocher, il a répété à plusieurs reprises : « Bonne chance. » Puis nous avons ri, je ne sais plus pourquoi. Son rire fut son dernier enseignement.

Le surlendemain, j'apprenais que Babaji venait de quitter son corps. Au téléphone pourtant, sa voix semblait toujours aussi vive, alerte, joyeuse. Rien ne pouvait annoncer une telle nouvelle. La veille de son envol, il était descendu de sa chambre à l'heure du *darshan*, fidèle à son habitude et à sa promesse à MA. Le lendemain, il ne pouvait plus respirer malgré son masque à oxygène. On avait fait venir un hélicoptère pour l'emmener à l'hôpital de Delhi. Mais son regard parlait d'un autre voyage. Alors, Izou l'a pris dans ses bras et, ses yeux dans les siens, lui a dit de partir. Elle ne le retenait plus par son amour. Il lui a offert son dernier souffle. Plusieurs fois, il lui avait dit que c'était elle qui allait lui donner le signal du départ. Elle répondait invariablement : « Jamais de la vie. » Sa prédiction s'est réalisée.

Il a quitté son corps à l'heure où il descendait chaque jour de sa chambre pour répondre aux questions des fidèles. Au lieu de gravir les escaliers, il est monté au ciel pour une bénédiction éternelle. Après l'annonce de sa mort, les haines se sont réveillées dans l'*ashram*. MA lui avait dit que son corps avait tellement été purifié par des années d'ascèse qu'il ne devait pas être plongé dans le Gange comme tous les moines, mais enterré. Un terrain à Kankhal lui était donc réservé. Jaloux de cette ultime faveur de MA envers son disciple, les hindous orthodoxes bataillaient pour qu'il soit immergé. Pendant trois nuits, Gonzague, Michel et Pushparaj se sont relayés dans sa chambre pour éviter qu'on ne vole son corps. Tous les trois ont témoigné d'un fait surprenant. Malgré les grosses chaleurs d'avril, le corps de Babaji sentait la fleur et l'encens. Aucun signe de décomposition. Les yeux mi-clos, le visage apaisé, il semblait dormir.

Afin d'échapper à la haine des hindous orthodoxes, il a été décidé que Babaji serait rapatrié en France et enterré à Paris au Père-Lachaise. Une ambulance prétendument réfrigérée est venue le chercher à Kankhal pour l'emmener à Delhi. Après six heures de route dans ce véhicule surchauffé à cause d'un problème mécanique, le corps de Babaji sentait encore la fleur et l'encens. Stupéfait, l'ambulancier a crié au miracle.

Seule dans ma cellule, je tentais de ravaler mes larmes puisqu'il m'avait laissé un rire en héritage. Je devais rendre ces heures de travail monacal lumineuses pour lui. Pas d'arrachement puisque, sur terre, il vivait déjà dans ce ciel qu'il venait de retrouver. Les hindous disaient qu'il habitait au cœur du « Château de l'âme ». Ne devais-je pas me réjouir qu'il ait retrouvé sa demeure céleste, libéré de son corps, auprès de MA ? Incapable de m'apaiser par ces belles paroles, j'ai plongé dans le *Mahabharata*, texte sacré en Inde, et ai trouvé le passage que je cherchais : « Enfin les forces vitales entièrement maîtrisées ne pouvant s'échapper par nul orifice traversèrent le sommet du crâne et s'élevèrent vers le ciel. Elles rejoignirent les cieux comme un immense météore et s'évanouirent dans la voûte Azur. Ainsi le sage se confondit avec l'éternité. »

Le lendemain matin, j'ai grimpé dans la montagne inondée de printemps. Des fleurs blanches dans les cerisiers s'envolaient en pétales dans le vent, petites âmes virevoltantes qui nous montraient la voie de la légèreté. Même si elles finissaient à terre. Mais leur chute était belle. Je suis parvenue à une cabane perchée au sommet. Sur son toit flottaient des drapeaux tibétains. J'ai regardé à travers la vitre et découvert, accroché au mur, des photos de Shiva. Ces images, improbables dans ce village de montagnards isolés, m'ont rapprochée de Babaji. Plus loin, les neiges éternelles brillaient. En elles aussi j'ai vu un signe. Elles évoquaient la pureté du Sage, son âme éternelle posée dans les hauteurs du ciel. Ce matin-là, la nature entière me parlait de lui.

Ne surtout pas accrocher mes larmes à son souvenir. Cesser de marteler dans ma tête : plus jamais. Babaji avait raison : quatre-vingt-dix pour cent de la souffrance n'est que du mental. Car en réalité, je n'avais aucune raison d'être triste. Puisque la mort n'existe pas. Il avait simplement quitté son corps. Il m'avait préparée à me détacher de ce vieil habit usé dont il ne voulait plus. Je gardais son regard.

J'ai écourté mon séjour au monastère de Saorge pour assister à l'enterrement de Babaji au Père-Lachaise. 26 avril 2010. Un jour de fête sacré pour les hindous car le corps d'un grand Sage entre en terre afin d'offrir à ce lieu choisi ses vibrations, purifiées par une vie de dévotion.

Nous étions tous vêtus de blanc autour du cercueil en plein soleil. Une jeune femme chantait des *mantras* assise par terre avec son harmonium. Des vapeurs d'encens virevoltaient autour des centaines de fleurs qui célébraient elles aussi la nouvelle demeure du Sage. Des prières en hébreu ont été dites pour respecter sa tradition qu'il n'a jamais quittée puisqu'il était au-delà. Un petit rabbin, sa Torah à la main, se tenait à l'écart.

Izou restait droite, digne dans ses habits blancs qui masquaient mal son cœur en deuil. Pas de larmes. Mais une telle intensité dans son regard fixé sur le cercueil que j'en étais bouleversée. Elle enterrait le trésor de son cœur. La quête de toute sa vie. L'âme de ses rêves. Mais je savais aussi que le lien ne serait pas rompu. Elle percevait l'invisible avec son âme de cristal.

Nous ressentions tous un immense soulagement d'être réunis autour de lui, dans la pensée de lui, le cœur encore plein de sa voix si douce, de ses yeux tigres, de sa longue main ridée, si belle, des mains d'or car elles n'avaient cessé de donner.

Saisies par ce rituel extraordinaire au cœur du Père-Lachaise, les pompes funèbres ont voulu offrir les fleurs. L'ambassadeur de Delhi qui s'occupait d'acheminer le corps de Babaji en France avait dit en effet : « À cet endroit, il y aura des miracles. » Mots très surprenants car il était athée. Mais au contact de Babaji, même ceux qui n'avaient pas la foi devenaient croyants par fulgurance. Touchée au cœur, leur âme se -réveillait.

À l'issue de la cérémonie, Izou nous a annoncé que Chandandidi, la nièce de MA, avait déclaré que le *Samadhi* de Babaji serait le temple de MA en France.

L'ÉCLOSION

Nous sommes un champ semé par ceux qu'on aime. Leur éloignement nous force à faire germer ce qu'ils ont déposé en nous à notre insu. Les mots de Babaji résonnaient chaque jour en moi : « Ne forcez rien. » « Calmez votre mental. » « Patience. » « Soyez simple. Souple. »

Quand je lui avais avoué que je ne croyais plus en Dieu, il m'avait répondu : « Dieu est à la base de toute existence. On a peur du mot "Dieu", mais on ne peut pas nier un pouvoir. Ceux qui ne croient pas en Dieu ne croient pas en un Dieu personnel. Ce n'est en réalité qu'une question de sémantique. Dieu, conscience divine, etc. La même chose, et pourtant cela résonne différemment. Il faut employer les mots qui parlent. Ne forcer personne. Ne donner à boire qu'à ceux qui ont soif. » Il ne m'avait pas forcée. Mais face à lui, il m'était devenu impossible de ne pas croire en la puissance évidente du mystère. Près de lui, tout faisait signe, tout prenait sens pour viser plus haut. Grâce à lui, je pouvais de nouveau entrer dans une église.

Je retournais régulièrement au temple de MA, *Samadhi* couvert de fleurs. Une grande respiration au milieu des tombes grises. Face à ce temple de marbre rose aux lettres d'or, la mort ressemblait à une fête. Jamais je n'aurais cru un jour aller au cimetière pour être heureuse. Par tous les temps, un rayon de soleil venait caresser la photo de MA qui surplombe le *Samadhi*. Sur cette photo, son visage jeune, grave, apaisé semble recueillir et comprendre chaque élan de nos cœurs. Cette image incarne cette phrase d'elle que j'aime tant : « Illuminez vous-même et le monde avec la flamme ardente de la vie intérieure. »

Le *Samadhi* est entouré d'arbres. Leur reflet danse sur la vitre qui protège ce lieu sacré. L'emplacement parfait pour un temple dédié à MA, qui toute sa vie avait évoqué le pouvoir de la nature. Un jour, un fidèle lui avait avoué qu'il peinait à méditer. MA lui avait conseillé de s'asseoir sous un arbre. Puis elle avait ajouté : « Par arbre, nous voulons dire un vrai Sage. Un Sage est semblable à un arbre. Il n'invite ni ne repousse personne. Il donne l'ombre bienfaisante à quiconque vient près de lui, qu'il soit un homme, une femme, un enfant, un animal. Si vous vous asseyez à ses pieds, il vous protégera des intempéries, du soleil brûlant comme des trombes d'eau, et il vous donnera des fleurs et des fruits. Qu'un homme ou un oiseau les goûtent lui importe peu ; ce qu'il produit, il le donne à qui vient à lui. »

Un mois après la mise en terre du corps de Babaji, je marchais avec ma mère et mon neveu sur la route de Saint-Jacques-de-Compostelle. Alors que nous passions par Montpellier, nous nous sommes arrêtés dans une librairie. Entre deux rayons, j'ai découvert une série de pendules en cristal. L'un d'eux, protéi-forme, attirait particulièrement mon attention pour une raison que j'ignorais. Je n'ai jamais été intéressée par les pendules, mais celui-là me troublait. Il me faisait penser à Melchisédech. Pourquoi ? Aucune idée. Peut-être parce que l'initiateur d'Abraham pouvait prendre toutes les formes. J'ai appelé ma mère :

– Viens voir ce pendule, il est magnifique et semble relié à Melchisédech !

Elle m'a lancé un regard inquiet. Déçue par son manque d'enthousiasme, j'ai tourné les yeux et découvert un livre en tête de gondole intitulé *Melchisédech*. Je l'ai montré à ma mère, bouleversée :

– C'est un signe, c'est le pendule de Melchi-sédech.

J'ai acheté le pendule et le livre, une thèse très fouillée sur le roi de Salem. Livre improbable dans cette petite librairie généraliste de Montpellier. Encore plus surprenant qu'il ait été mis en avant.

Troublée par cette coïncidence, ma mère m'a proposé de me trouver une chaîne pour mettre le pendule autour de mon cou. Une heure après, je le portais. Et ne l'ai plus jamais quitté. Babaji disait qu'on ne pouvait chercher un être comme Melchisédech, mais qu'il devait apparaître. Pour moi, il s'était manifesté dans ce cristal. Symbole magnifique de la pureté qui laisse passer la lumière. But à atteindre.

Le soir de Noël, pendant la messe dans une église d'Avignon, alors qu'une jeune femme chantait seule, accompagnée de sa guitare, j'ai vécu une expérience insolite. Je regardais les mains de la musicienne danser sur les cordes et admirais son visage habité, heureux de se donner au chant sacré. Soudain, j'ai senti la présence invisible de mon frère. Il posait sa tête sur mon épaule avec douceur. Il y avait tant d'amour dans cet abandon que j'ai fondu en larmes. Non seulement pour la beauté de ce geste qu'il ne m'avait jamais offert, mais aussi pour la voie qu'il me montrait : je devais viser la douceur, la simplicité et la lumière qui s'imposaient en cet instant. Tout ce que Babaji m'avait dit au sujet de l'amour s'éclairait. Une fois de plus, je faisais fausse route avec l'homme tourmenté avec lequel je vivais une histoire intense. Au milieu de la messe de Noël, grâce à mon frère, je ressentais soudain l'urgence de vivre en harmonie. Les graines que Babaji avaient semées en moi venaient enfin de germer, portées par l'âme de mon frère. De façon inattendue et radicale, j'ai arraché de mon cœur ces attirances qui le faisaient souffrir. J'allais quitter cet homme déchirant qui m'avait tant séduite. Babaji répétait : « La souffrance dit : *Réveille-toi, tu es dans un endroit dangereux.* Il faut retourner à l'unité. C'est une grâce divine, la souffrance. Elle montre que le bonheur que tu cherches est impermanent. Il va te laisser dans le vide. » J'ai réalisé dans cette église, grâce à mon frère, que j'avais encore fait le choix de souffrir. Une habitude dont je n'avais pas réussi à me défaire. Il y a des épreuves qui nous tombent dessus comme un naufrage, mais je comprenais enfin que nous sommes responsables de la majorité de nos douleurs : elles sont le résultat de choix de vie qui ne répondent pas à la plus belle part de nous.

Le morceau de guitare s'est achevé, la voix de la femme n'était plus qu'un souffle dans le silence qui emplissait soudain l'église. La présence de mon frère s'était envolée. Son empreinte était restée.

En sortant de la messe, je racontais à ma mère ce qui venait de se passer. Elle m'avait vue fondre en larmes. Mais cela ne l'avait pas inquiétée. Elle était habituée à mes pleurs le jour de Noël depuis la disparition d'Arthur. À la fin de mon récit, j'ai conclu en disant :

– C'est étrange, car il ne posait jamais sa tête sur mon épaule.

– Il a posé sa tête sur la mienne la veille de sa mort…

Nous avons marché en silence dans les rues d'Avignon, enneigées, si seules, si sombres et frigorifiées un soir de fête. Ma mère et moi étions à la fois bouleversées et heureuses : mon frère était apaisé.

Douceur, simplicité, goût du bonheur. Ces trois qualités devenaient soudain essentielles alors qu'une heure auparavant je les aurais regardées avec ennui. Babaji avait raison : c'est la peur de l'ennui qui nous pousse vers la souffrance. Je venais de ressentir dans cette église l'intensité de la douceur, après l'avoir découverte auprès du Sage.

Quelques semaines plus tard, Izou, qui se tenait pourtant à l'écart depuis l'envol de son Maître, m'a appelée pour m'annoncer que mon enfant, ce petit garçon dont me parlait Babaji, allait bientôt arriver. Son âme était prête à revenir. Je devais me préparer.

Avant de rencontrer Babaji, je ne croyais pas en la réincarnation. Mais auprès de lui, c'était devenu évident. L'âme subsiste et descend dans des corps différents jusqu'à la libération ultime sur terre. Elle revient pour accomplir une mission, se laver des erreurs anciennes et se tourner vers sa lumière originelle. Pour les hindous, le lieu de notre naissance dépend de nos vies passées. De la réincarnation vient cette évidence lorsque l'on rencontre une personne qu'il nous semble connaître depuis toujours. Les bouddhas retrouvent dans leur nouvelle vie les objets qu'ils avaient cachés avant de quitter leur corps. Des enfants naissent avec des obsessions et des dons inexplicables par leur environnement familial. Ce sont leurs vies passées qui reviennent à la surface. MA disait : « Ce flot incessant de la nature révèle le fait que naissance et mort, création et destruction ne sont pas des entités distinctes, mais l'Un éternel, qui Se transforme. »

Izou a ajouté que j'allais bientôt rencontrer le père qui serait un grand amour hors des sentiers battus. Alors que j'avais repris mes voyages incessants et que je semblais parfaitement inapte à la vie de famille ; dans l'enthousiasme j'ai répondu à ma tante que c'était formidable, que j'étais prête. C'était faux. Je ne savais pas aimer. Je ne savais que partir.

Avant de raccrocher, Izou m'a raconté que le téléphone avec lequel elle appelait Babaji tous les jours à minuit sonnait de lui-même chaque soir, à minuit, depuis son envol. Il était déchargé, éteint, mais le téléphone abandonné restait fidèle à l'heure du Sage. Le lien n'était pas coupé.

Babaji m'avait planté un rire dans le cœur avant de disparaître. Il ne tenait qu'à moi de le faire éclore en amour. Et fuir ces tourments qui donnent l'illusion d'aimer. Je savais désormais que l'amour était autre chose : une main. Pour danser, marcher, courir, chuter, se relever, s'élever ; une main.

*

Il m'a pris la main et m'a dit : « Descends avec moi chercher ma voiture au parking, je te ramène chez toi. » J'ai protesté. Nous venions de dîner place de Clichy, je pouvais rentrer rue des Moines à pied. Je voulais surtout éviter l'intimité d'un au revoir au pied de mon immeuble. Depuis deux mois, Domnin et moi dînions ensemble de temps en temps. J'aimais nos soirées, mais je le tenais à distance pour deux raisons : il travaillait dans la finance et portait un costume tous les jours. Je préférais imaginer mon homme idéal doux, simple et enjoué dans une île sauvage, bercé par le chant des baleines, plutôt que dans un costume-cravate cloîtré dans un bureau du matin au soir. Je savourais donc ces moments avec lui sans arrière-pensée. Ce n'était pas son cas, mais, gentleman, il respectait ma distance.

J'ai fini par le suivre. Le gardien de nuit jouait de la guitare dans sa cabine face aux voitures endormies. Quand il nous a aperçus, il s'est arrêté de jouer, mais Domnin l'a encouragé à poursuivre. Alors il s'est lancé dans des chansons d'amour en français et kabyle, les yeux brillants sous la lumière blafarde du garage. Domnin m'a serrée contre lui et nous avons dansé sous les néons, dans des odeurs d'essence et de pots d'échappement. Puis le gardien de nuit a posé sa guitare et nous a demandé la marque de notre voiture, les clés et huit euros. Domnin continuait de chanter. Je le regardais étonnée, émue. Était-ce lui que j'attendais ? Chauve, la peau mate, pas très grand, musclé, les yeux pétillants, il ressemble à un chevalier mongol surgi des steppes en costume impeccable. Rien à voir avec l'idée que je me faisais de mon homme idéal. Mais en dansant sous les néons au milieu des voitures, j'avais compris qu'il possédait quelque chose de très rare : il avait le goût du bonheur. Pour la première fois, je l'ai vraiment regardé. Alors j'ai pensé à MA : « Plus vous vous concentrerez sur votre faculté de sentir et plus il se présentera pour vous des occasions toujours plus belles. » Cette danse dans le parking m'avait aidée à le voir sans préjugés. À sentir. Et à m'offrir l'occasion de tomber amoureuse.

Une semaine plus tard, il m'embrassait. Un mois plus tard, je le quittais. Je ne sais plus pourquoi. Peut-être par habitude. Le lendemain, il parsemait ma boîte aux lettres et mon scooter de jonquilles fraîchement coupées. Comme s'il tenait à rester un printemps dans ma vie. Malgré tout. Séduite, je revenais dans ses bras. Deux mois plus tard, un rêve me réveillait violemment en pleine nuit : une voix d'homme grave et autoritaire me demandait d'arrêter la pilule. Alerté par mon sursaut, Domnin m'a demandé ce qui se passait. Je lui ai répondu qu'un homme avait parlé dans mon rêve avec une telle force que j'en tremblais encore. Il a insisté pour savoir ce qu'il avait dit. Je n'ai pas osé répondre. Nous nous connaissions à peine et commencions seulement à nous aimer.

J'ai attendu deux semaines avant de lui raconter mon rêve. Et l'évidence que je devais obéir. Je trouvais cela magnifique qu'un enfant ne soit pas un projet de vie mais le fruit d'un moment d'amour. Je lui ai dit que Babaji répétait souvent que les enfants de l'amour étaient les plus beaux. Domnin, qui avait un fils de cinq ans et venait de divorcer, était beaucoup moins enthousiaste que moi. Nous avions souvent parlé d'un enfant dans des moments d'euphorie ou d'ivresse. Il ignorait peut-être que les mots avaient un pouvoir.

Le chemin que j'avais parcouru depuis trois ans, guidée par Babaji, m'avait menée à cet instant d'amour. Cet ultime aveu : je suis prête à lier nos sangs, notre chair, les traits de nos visages, dans un enfant qui mènera sa vie, porté par la nôtre. Je suis prête à t'aimer. Même quand je t'aimerai moins. Trois ans auprès de Babaji m'avaient appris à vivre l'évidence dans l'instant, sans réfléchir. Ce qui me semblait naturel, simple, joyeux, fou et beau ne l'était pas pour lui. Il n'avait pas la même histoire que la mienne. J'étais blessée par sa distance. Mon rêve était pourtant sans appel. Je devais arrêter la pilule. Avec cet homme. Je m'accrochais à l'enseignement de Babaji : « Ne jamais forcer. » Si c'est juste, cela se fera spontanément. Pourtant ce rêve avait mis du plomb dans l'aile à notre histoire d'amour naissante. MA disait à sa disciple Atmananda, qui souffrait des humiliations qu'elle subissait à l'*ashram* car elle était occidentale : « Tu dois avoir la force de supporter ce qui arrive. Peu importe que les filles de l'*ashram* aient peur de toi. C'est leur travail. Ton travail est de rire. »

Rire quand l'évidence est là, enfin, mais que l'amour échappe ? Rire quand il restait aimable et lointain alors que je rêvais de donner une vie avec lui ? Des voix raisonnables me conseillaient d'attendre. Attendre quoi ? Que l'amour s'installe, que la vie nous balade, que notre appartement soit bien meublé ? Non, il ne s'agissait pas de patience, mais de feu, de certitude, d'appel vers Domnin, vers ce bébé à venir. Babaji m'avait menée à cet amour-là, possible, soudain, comme une déchirure qui était en réalité une ouverture. Alors, oui, rire.

Dans cette période de trouble, j'allais souvent sur le *Samadhi* de Babaji pour y trouver refuge. Un matin, alors que j'achetais des fleurs près du Père-Lachaise, le fleuriste qui emballait mon pot de roses blanches a suspendu son geste, m'a fixée puis a dit : « C'est vous qui créez le climat autour de vous, célébrez-vous chaque matin, c'est ainsi que vous rendrez les gens heureux. » Ce petit homme rondouillet à moustache, les mains pleines de terre, a lancé ces mots sans raison apparente au milieu d'un silence. J'ai eu l'étrange sensation que Babaji parlait à travers lui. MA disait : « Vous ne pouvez pas vous passer de l'extérieur si vous voulez connaître l'intérieur. L'intérieur se reflète dans le monde extérieur. » En prenant les fleurs, j'ai fait tomber mon casque de scooter et me suis excusée pour ce vacarme, prétextant que j'étais tête en l'air. Le fleuriste m'a répondu : « Alors chantez. » Je lui ai obéi. Et j'ai chanté à tue-tête sur mon scooter pour me préparer à ces retrouvailles avec le *Samadhi*. J'ai chanté pour mon histoire d'amour qui battait de l'aile ! En approchant du *Samadhi*, je me souvenais de ces mots de Babaji : « La vie est une danse au-dessus de la lame d'une épée. »

Soudain, tout s'est éclairci : avec Domnin, il y avait l'évidence. Alors confiance. Malgré les obstacles, les peurs, les incompréhensions. Confiance. Babaji soutenait que nous étions tous si uniques qu'un amour humain ne pouvait combler qu'un instant de soi… Malgré cette crise, j'aimais que Domnin soit dans cet instant-là de moi.

Le lendemain, j'ai déjeuné avec Izou qui ne cessait de me répéter : « Apprends à regarder sans mental, sans volition, mais avec bon sens. Apprends à regarder. » Elle a ajouté que le plus grand bien entraînait toujours le plus grand mal car plus on grandit, plus les forces négatives sont présentes. L'harmonie doit être intérieure, car la vie nous met sans cesse à l'épreuve. J'étais étonnée qu'elle évoque mon regard sur les choses car auprès de Domnin, j'apprenais à voir. Au-delà de nos différences. À voir plus loin. MA nous avait prévenus : « Lorsque vous cherchez la société des hommes, rappelez-vous que votre but est de trouver ce qui en eux est bon et beau. » Sinon, mieux vaut rester dans sa grotte. Cet homme-là me donnait envie d'essayer. Rien de grand ne s'est fait dans le monde sans obstacles. Babaji nous voulait forts, les pieds sur terre, implacables. Jusqu'à la fin de sa vie, il n'a jamais été épargné.

En quittant Izou, j'ai compris que je ne la reverrais pas avant longtemps. Ses derniers mots furent : « Marche seule désormais. Vole de tes propres ailes. Envole-toi. » Ses derniers mots faisaient écho à une image d'oiseau qui m'avait obsédée et que je partageais avec Domnin. Il voulait dessiner les ailes de cet oiseau pour en faire un bijou. J'ai donc raconté cette histoire à Izou qui m'a répondu : « La prochaine fois que je te vois, tu auras peut-être des ailes. »

J'ignorais encore à quel point elle avait raison.

Domnin et moi essayions de nous réinventer sans l'insouciance que mon rêve avait arrachée. Une pudeur nouvelle s'était installée entre nous. J'admirais ma propension à me faire du mal. Mon mental était déchaîné. Je voyais clairement son jeu grâce à l'enseignement de Babaji, mais je ne parvenais pas à le calmer : peut-être qu'un homme ne pouvait pas rêver d'un enfant avec moi, mais seulement d'amour. Et si son feu n'était que du vent depuis que je lui avais déclaré ma flamme ? Pour ne pas laisser de prise aux idées noires, je m'accrochais à cette phrase de MA : « Continuez à faire ce qui est pour le bien d'autrui ; la force viendra toute seule. » J'entendais : Continuez d'aimer. La force viendra toute seule.

Elle est venue. Sans raison apparente, Domnin m'a invitée dans un grand restaurant. Il voulait me parler sérieusement. Mais c'était impossible. Les serveurs ne cessaient de défiler à notre table et de nous interrompre. Nous voulions nous retrouver et nous ne pouvions aligner deux mots. Entre deux serveurs, Domnin s'est exclamé à toute vitesse qu'il voulait foncer avec moi dans l'avenir et désirait cet enfant. Je me suis alors lancée dans une grande tirade contre les vieux couples sans flamme qui semblaient avoir renoncé à l'inattendu entre eux, à la joie, installés dans un désespoir tranquille. *Exit* liberté, fantaisie, invention, poésie ! Mais un serveur est venu nous présenter les plats en les décrivant avec une telle solennité que nous l'avons écouté gravement comme si, dans cette assiette, se jouait notre vie.

LA JOIE

Un mois et demi après mon rêve, je me glissais derrière une vache dans une rue boueuse de Madras après avoir passé plusieurs jours avec ma mère dans la montagne sacrée d'Arunachala, montagne de Shiva. Slalomant entre les bouses qui jonchaient le sol, j'ai pénétré dans une pharmacie. Une pièce minuscule contenait des herbes guérisseuses, tellement effondrées et fanées dans leurs boîtes en plastique qu'elles semblaient avoir perdu leur pouvoir. Un petit homme vêtu d'une blouse blanche, barbu, épuisé par l'existence, m'a saluée d'un signe de tête sans un mot. Je lui ai demandé un *pregnant test*[1], sûre qu'il serait introuvable dans cette pharmacie d'un autre âge. Il a disparu, est revenu avec une petite boîte, j'ai réglé et suis sortie, en serrant la boîte dans mes mains fébriles. Durant tout le voyage j'avais dit à ma mère qu'il était peu probable que je sois enceinte car j'étais en pleine forme. J'avais

1. Test de grossesse.

grimpé Arunachala sous le cagnard, assisté à des cérémonies bondées, puissantes dans la chaleur étouffante du mois de juillet, sans une once de mauvaise humeur, donc, pas enceinte.

Le lendemain matin, je suis sortie d'une salle de bains lugubre, lacérée par la rouille, en hurlant de rire : j'étais enceinte. Mon fou rire étant communicatif, ma mère a également éclaté de rire. Puis elle s'est calmée : « Mais Blanche, tu n'es avec Domnin que depuis trois mois. Es-tu bien sûre qu'il sera heureux ? » La surprise, le vertige, la peur passés, il allait se réjouir, j'en étais persuadée. C'était écrit. Babaji et Izou m'avaient prévenue que cela ne se ferait pas dans les règles de l'art. Babaji n'avait de cesse de répéter que l'action spontanée était juste. Évidemment, il ne fallait pas perdre de vue le bon sens. Izou m'avait raconté qu'une Indienne qui souffrait de vivre seule avait pénétré dans le *Samadhi* de MA en lui faisant cette prière : « MA, je m'en remets entre vos mains. Le premier homme célibataire qui entre, ce sera l'homme que vous m'avez choisi et je me marierai avec lui. » Un Népalais a franchi le seuil du *Samadhi* quelques minutes plus tard. Elle est allée vers lui puis s'est liée à lui, malheureuse, mais entêtée. Babaji a dû intervenir pour l'arracher de cet homme épouvantable.

Trois jours plus tard, j'étais avec Domnin dans le désert à Pétra. Nous venions d'assister à un spectacle de son et lumière dans les ruines antiques. Alors que nous marchions dans la nuit au milieu des roches blanches encore chaudes de soleil, illuminées par des bougies, j'ai murmuré que j'étais enceinte. Silence. La surprise, le vertige, la peur. J'espérais que la joie serait la plus forte. Mais je le comprenais. Nous n'avions pas parcouru le même chemin. Depuis trois ans, je vivais avec l'enseignement d'un Sage qui m'avait appris à libérer ma tête de mes pensées pour faire surgir l'évidence. Il ne me parlait pas de morale, mais de *Dharma*, la voie juste pour l'âme, d'intuition, d'action spontanée, de bon sens et de magie. Auprès de lui, tout semblait possible à chaque instant. Il m'avait donc préparée à la venue de cet enfant. Ce n'était pas le cas de Domnin. Il le désirait, mais pas si rapidement. Seulement, j'avais appris en Inde que nous ne décidons de rien. Un jour, c'est l'heure. Cette heure nous échappe.

Plus rationnel que moi, il pensait à son fils, à cette nouvelle vie, et ses discours si concrets me blessaient. Mais il s'accrochait à la raison pour faire face au vertige. Peut-être ne s'autorisait-il pas à être heureux après avoir connu un divorce. Pour me rassurer, je me répétais ces phrases de MA : « Dans son état actuel, l'esprit est par nature inconstant et divisé ; il est attiré par une chose et repoussé par une autre. Tant que l'esprit sera dans cet état, le problème persistera. Mais si l'esprit est pacifié et élevé à un niveau supérieur, au-delà de cette inconstance, là où il peut voir les choses calmement et d'un point de vue supérieur, alors le choix deviendra clair. » Quelques jours plus tard, il est devenu clair. Un soir, Domnin s'est métamorphosé. Peur, vertige, folie envolés, ne restait que sa joie ; l'enthousiasme devant ce nouveau défi : créer une famille. Il était soudain impatient d'annoncer à Malo, son fils, qu'il allait avoir un petit frère, car nous savions que c'était un garçon.

Suivre une évidence est une chose, la vivre en est une autre. Mais dans les moments de doute, on sait que l'on écoute la voie de son âme, et cela nous rend plus forts.

J'ai quitté ma rue des Moines et me suis installée avec Domnin dans un appartement avec des balcons fleuris. Izou me disait que MA réalisait nos désirs au-delà de nos espérances. J'en faisais l'expérience. Mise à demeure avec mon gros ventre, je vivais en plein ciel dans des odeurs de terre avec un homme étonnant qui dansait tous les soirs en entrant dans la chambre. J'étais éblouie par le chemin parcouru depuis ma rencontre avec Babaji. Il avait rendu cet amour et cet enfant en devenir possibles. Je découvrais le partage en profondeur. Et sa beauté. Mais certains jours, je me cabrais et pleurais en regardant les oiseaux voler par la fenêtre. À Noël, j'ai appelé ma sœur en larmes. Alors que je partais chaque année à cette période sur les routes, je préparais un déjeuner de famille, comme une femme parfaite, dévouée et grosse. Ces oiseaux, libres, fous dans le vent me narguaient. Et je pleurais au téléphone parce qu'ils me montraient à quel point j'étais vissée au sol quand je ne songeais, moi aussi, qu'à m'envoler. Ma sœur me répondait : « Si les oiseaux te font pleurer, là, je ne sais plus quoi te dire. » Comme toujours dans les moments de désarroi, j'ai ouvert un livre de MA et suis tombée sur un passage magnifique qui allait m'être d'un grand secours dans les années à venir : « Plus votre âme subit les épreuves que sont les plaisirs et les douleurs, plus elle se purifie, et plus s'affine votre esprit de sacrifice pour les autres. Dans un cœur battu par tous les courants changeants de la vie de famille, il s'élève une aspiration profonde pour l'aide divine, beaucoup plus que l'on n'en trouve généralement dans la vie d'un ermite centré sur lui-même. » La vie de famille comme chemin spirituel… J'étais donc une sainte face à mes casseroles, assaillie par les merveilleux petits coups que mon fils me donnait dans le ventre. Une sainte, oui, car j'avais découvert l'amour. Sans éclats, sans peur, sans tourment, sans questions, juste l'amour avec un homme que j'apprenais à connaître. Notre histoire semblait avoir été arrangée par les anges. Mais l'amour aussi pour ce petit être qui grandissait en moi. L'amour dans la peau.

Malgré la difficulté de me fondre dans ma nouvelle vie, je remerciais Babaji sans cesse car il avait ouvert en moi un espace qui rendait cette aventure possible. Chaque jour, en regardant le ciel, un autre amour grandissait en moi, spirituel. Je n'avais plus qu'un seul désir : m'approcher de cette lumière que Babaji avait fait naître en moi. Et l'offrir.

Alors que je m'apprêtais à donner la vie, je savais que cet enfant ne m'appartenait pas, qu'il ne devait pas être le centre de ma joie, mais au contraire le réceptacle. Je n'oubliais pas ces mots de MA : « Richesse et gloire, femme et enfants ne peuvent pas donner la paix, parce que tous les objets matériels se transforment aussi vite que le jour et la nuit. » Il faut chercher ailleurs…

Un dimanche matin, je corrigeais les épreuves de mon *Manifeste vagabond* qui allait sortir un mois et demi plus tard et j'ai demandé à mon fils à travers mon ventre de ne pas sortir tant que je n'avais pas fini ces corrections. À la fin de la journée, alors que je les achevais, j'ai senti des contractions de plus en plus insistantes. À ce moment-là, Izou m'a appelée et m'a dit : « Tu n'aurais pas des contractions par hasard ? Tu accouches demain. »

Le lendemain matin, les contractions étaient montées en puissance. Mon médecin m'avait dit que ce n'était sûrement pas des contractions de travail. Alors je suis allée au yoga bikram, un yoga qui dure une heure et demie dans une pièce chauffée à quarante degrés. Une méthode infaillible pour moins souffrir : ne pas y penser. Puis je suis entrée dans un restaurant chinois pour y déjeuner seule avant de souffrir tranquillement pour de bon à la maison. En milieu d'après-midi, c'était sûr : j'allais accoucher. Ma mère est venue auprès de moi. J'ai appelé Domnin pour le prévenir en lui demandant de me retrouver un peu plus tard à la clinique. J'ai appelé Izou. Elle m'a répondu : « Je suis déjà à la clinique, je t'attends. »

Elle était assise dans un fauteuil à l'accueil en train d'écouter un CD de *mantras* chantés par Deva Premal. Étrangement, les sages-femmes ont accepté que ma mère et ma tante entrent avec moi en salle de travail. Jamais ils n'autorisent plus d'un accompagnateur. Mais Izou avait appelé Pushparaj pour le prévenir que mon enfant allait naître. Pushparaj lui avait répondu qu'elle devait rester près de moi. Comme par miracle, les portes s'étaient ouvertes. Nous riions tellement en salle de travail avec ma mère et ma tante que personne n'osait briser cette harmonie. Izou me parlait de son voyage à Jérusalem et je serrais dans une main le cristal de Melchisédech. Elle me montrait des textes en mandarin et me répétait cet enseignement de MA : « Chassez de votre esprit la crainte, le découragement, l'anxiété. La source de toute grande puissance est là où se trouvent force, énergie, bonne humeur. » Ma mère me massait les pieds en riant. Mon fils allait donc voir le jour dans « la source de toute grande puissance ». Domnin était un peu effaré de se retrouver